Bibliothèque de Philosophie

L'Ame et le Corps

PAR

ALFRED BINET

DIRECTEUR DU LABORATOIRE DE PSYCHOLOGIE A LA SORBONNE

(Hautes Études)

PARIS

ERNEST FLAMMARION, ÉDITEUR

26, RUE RACINE, 26

1905

L'Ame et le Corps

A

M. MAURICE DONNAY

Son Ami,

A. B.

L'ÂME ET LE CORPS

LIVRE I

DÉFINITION DE LA MATIÈRE

CHAPITRE I

Introduction.

Ce livre est un long effort pour établir une distinction entre ce qu'on appelle l'esprit et ce qu'on appelle la matière. Rien de plus simple que de réaliser cette distinction, lorsqu'on ne l'approfondit pas; rien de plus difficile, lorsqu'on fait un peu d'analyse. A première vue, il semble impossible de confondre des choses aussi disparates qu'une pensée et un bloc de pierre; à la réflexion, ce grand contraste s'évanouit, et il faut chercher d'autres différences, qui sont moins apparentes, et auxquelles on n'avait pas encore songé.

Disons d'abord comment la question se présente

1

à nous. Le fait que nous devons prendre comme
point de départ, car il est indépendant de toute
espèce de théorie, c'est qu'il existe « du connaissable ». Non seulement la science, mais la vie pratique, nos conversations de tous les jours impliquent qu'il y a des choses que nous connaissons.
Et c'est à propos de ces choses que nous avons à
nous demander si quelques-unes font partie de ce
qu'on appelle l'esprit, et si quelques autres font
partie de ce qu'on appelle la matière.

Supposons, par hypothèse, que le connaissable
soit entièrement et absolument homogène, nous
serons obligés dès lors d'écarter cette question
préjudiciellement. Là où tout est homogène, il n'y
a pas de distinction à faire. Mais cette hypothèse
est démentie par l'observation, chacun le sait.
L'ensemble du connaissable est formé par une
agglomération d'éléments extrêmement variés,
parmi lesquels il est facile de faire passer un grand
nombre de divisions. On peut classer les choses
d'après leur couleur, leur forme, leur poids, le
plaisir qu'elles nous procurent, leur qualité d'être
vivantes ou mortes, et ainsi de suite; un classifi-
cateur zélé n'a que l'embarras du choix.

Puisque tant de coupures sont possibles, à
laquelle nous arrêterons-nous pour dire : voici
celle qui correspond exactement à l'opposition de
l'esprit et de la matière?

Le choix n'est point facile à décider; car nous verrons que certains auteurs mettent la distinction du physique et du mental en ceci, d'autres la mettent en autre chose, et il y a ainsi un très grand nombre de distinctions qui ont été proposées; le nombre en est même bien plus grand qu'on ne le pense en général. Puisque nous avons l'intention de nous ériger en juges de ces distinctions, puisqu'en fait nous repousserons la plupart d'entre elles, afin d'en suggérer une nouvelle, il est à supposer que nous le ferons au moyen d'un critérium, car sans cela nous ne serions que des fantaisistes; l'on dirait péremptoirement : « Pour moi, ceci est du mental »; et il n'y aurait pas plus lieu de discuter que lorsqu'on dit : « Je préfère les romantiques aux classiques, ou je mets la prose au-dessus des vers ».

Le critérium dont je me suis servi, et que j'ai analysé après que l'usage que j'en faisais inconsciemment m'eut révélé son existence, repose sur les deux règles suivantes :

1° Une règle de méthode : la distinction de l'esprit et de la matière doit non seulement s'étendre à tout le connaissable, mais être la plus profonde qui puisse diviser le connaissable, et être d'un caractère permanent; *a priori*, rien ne prouve qu'une telle distinction existe; il faut la chercher, et, si on la trouve, la contrôler de près;

2° Une indication sur le sens où il faut diriger la recherche. Tenant compte de la position prise déjà par la plupart des philosophes, on doit chercher la manifestation de l'esprit, s'il existe, spécialement dans le domaine des faits dont s'occupe la psychologie, et la manifestation de la matière dans le domaine où travaillent les physiciens.

Je ne me dissimule pas ce qu'il peut y avoir d'arbitraire dans mon critérium personnel; cet arbitraire, il me paraît impossible de l'éviter.

Donc, il faut s'adresser à la psychologie, et lui demander si elle connaît quelque phénomène qui présente un contraste violent, durable, ineffaçable, avec tout le reste du connaissable.

La méthode des concepts et la méthode de l'inventaire. — Bien des auteurs se sont déjà engagés dans cette recherche : et ils y emploient une méthode que je crois très mauvaise et très dangereuse; c'est la méthode des concepts. Elle consiste à envisager les phénomènes réels et concrets sous leur forme la plus abstraite.

Veut-on étudier par exemple l'esprit, on se sert de ce mot esprit comme d'une idée générale dans laquelle on suppose que sont contenus tous les caractères des phénomènes psychiques; mais on ne s'attarde pas à énumérer ces caractères, à les réaliser, et on se contente de l'idée extrêmement

vague que peut fournir un concept non analysé.
On emploie par conséquent le mot « esprit » avec
l'imprudence d'un banquier qui trafiquerait d'un
effet de commerce sans se rendre compte si ce
morceau de papier correspond à une provision.
Ce qui revient à dire que la discussion des problèmes philosophiques prend surtout une allure
verbale. Et c'est d'autant plus dangereux que le
concept ainsi manié renferme plus de phénomènes
complexes. Un concept de la couleur rouge n'a
qu'un contenu assez simple, et on peut, en l'utilisant, se représenter clairement ce contenu. Mais
comment réaliser le sens immense du mot esprit,
toutes les fois qu'on s'en sert?

Par exemple, pour définir l'esprit et le séparer
du reste du connaissable, qu'on appellera matière,
on raisonne d'ordinaire de la manière suivante :
« Tout le connaissable, qui tombe sous nos sens,
se réduit essentiellement à du mouvement; l'esprit,
ce quelque chose qui vit, sent, juge, se réduit à la
pensée; pour comprendre la différence de la matière et de l'esprit, il faut se demander s'il existe
quelque analogie de nature entre le mouvement et
la pensée; or, cette analogie n'existe pas; ce que
nous saisissons, au contraire, c'est une opposition
absolue. La pensée n'est pas un mouvement, elle
n'a rien de commun avec un mouvement. Un mouvement n'est jamais autre chose qu'un déplace-

1.

ment, un transfert, un changement de lieu subi
par une particule de matière. Quel rapport de
ressemblance existe-t-il entre ce fait géométrique,
et un désir, une émotion, une sensation d'amer-
tume? Loin d'être identiques, ces deux faits sont
aussi distincts que deux faits peuvent l'être; et
leur distinction est si profonde qu'on doit l'élever
à la hauteur d'un principe, le principe d'hétérogénéité ».

Voilà à peu près quel est le raisonnement que
bien des philosophes répètent depuis plusieurs
années, sans faire preuve de beaucoup d'originalité. C'est là ce que j'appelle de la métaphysique
de concept, car c'est une spéculation qui consiste à
jouer avec des idées abstraites. Au moment où un
philosophe oppose la pensée au mouvement, je
me demande sous quelle forme il peut bien penser
« une pensée »; je suppose qu'il doit se représenter très poétiquement et très vaguement quelque
chose de léger, de subtil, qui contraste avec la
lourdeur et la grossièreté des corps matériels; et
c'est ainsi que notre philosophe est puni par où il
a péché; son dédain du terre-à-terre l'a conduit
à l'abus du raisonnement abstrait, et cet abus l'a
rendu la dupe de quelque métaphore physique
très naïve.

Au fond, je ne crois pas à la noblesse de beaucoup de nos idées abstraites; une étude psycholo-

gique que j'ai publiée ailleurs[1] m'a montré que
beaucoup de nos abstractions ne sont autre chose
que des idées concrètes embryonnaires, et surtout mal définies, dont se contente seul un esprit
paresseux, et qui, par conséquent, sont pleines
de pièges.

L'opposition entre l'esprit et la matière me
paraît prendre un sens tout différent si, au lieu de
répéter des formules toutes faites et de s'attarder
à ce jeu qui consiste à entrechoquer des concepts,
on prend la peine de revenir à une étude d'après
nature, et si on commence par dresser un inventaire des phénomènes de l'esprit et des phénomènes de la matière, en examinant chaque fois, à
propos de chacun de ces phénomènes, par quels
caractères les premiers se distinguent des seconds.
C'est cette seconde méthode, plus lente, mais plus
sûre, que nous allons suivre.

Nous commencerons par l'étude de la Matière.

1. *Étude expérimentale de l'intelligence.* Paris, Schleicher.

CHAPITRE II

De l'objet extérieur nous ne connaissons que des sensations.

————

Dans ces dernières années, des études nombreuses ont été publiées sur la conception de la matière, surtout par des physiciens, des chimistes et des mathématiciens. Parmi ces contributions récentes, nous citerons les articles de Duhem, sur l'Évolution de la Mécanique, parus en 1903 dans la *Revue générale des Sciences*, et d'autres articles publiés par le même auteur, en 1904, dans la *Revue de Philosophie*. Les vues de Duhem ont eu beaucoup de retentissement, et elles ont porté un coup sérieux à l'ensemble des théories mécaniques de la matière. Citons aussi l'ouvrage si substantiel de Dastre sur *la Vie et la Mort*, où l'auteur fait à la biologie une application très intéressante des théories nouvelles sur l'Énergétique; la discussion entre Ostwald et Brillouin sur la matière, où deux conceptions rivales se trouvent rapprochées dans un véritable corps à corps (*Rev. génér. des Sciences*, de nov. et déc. 1895); le curieux ouvrage de Le Dantec sur *les Lois naturelles*, où l'auteur montre avec ingéniosité les différents cantons sensoriels dont est formée la science, mais, par suite d'une défaillance logique, accepte le mécanisme comme l'explication dernière des choses. Enfin, on ne peut passer sous silence les curieux ouvrages de Lord Kelvin, qui, pour les lecteurs français, sont si pleins de suggestions inattendues, car ils nous montrent quelle est la valeur toute pratique, toute empirique que les anglais attachent aux modèles mécaniques.

Notre but n'est point d'exposer ces belles études. C'est aux philosophes de la mathématique et de la physique qu'il appartient de développer les idées qu'ils se font sur la nature intime de la matière, en cherchant à établir des théories qui soient capables de donner l'explication satisfaisante des phénomènes physiques. C'est là le point de vue auquel ils se placent de préférence, et sans doute ils ont raison de s'y placer; le propre des sciences de la nature est d'envisager les phénomènes pris en eux-mêmes, et séparément du sujet qui les observe.

Notre intention, à nous, en exposant ces mêmes théories sur la matière, est de faire prévaloir un point de vue tout différent. Au lieu de considérer les phénomènes physiques en eux-mêmes, nous chercherons à savoir quelle idée on doit se faire de leur nature quand on tient compte que ce sont des phénomènes perçus. Tandis que la physicien supprime, par abstraction, la part de l'observateur dans la constatation des phénomènes physiques, notre rôle à nous est de renoncer à cette abstraction, de rétablir les choses dans leur complexité originale et de rechercher en quoi la conception de la matière consiste, lorsqu'on tient compte que tous les phénomènes matériels ne sont connus que dans leur relation avec nous, avec notre corps, avec nos nerfs, avec notre intelligence.

Ceci nous amène tout de suite à prendre, dans l'exposition des faits, un ordre auquel le physicien se soustrait. Puisque nous cherchons à savoir ce qu'est le phénomène physique perçu, nous avons d'abord à poser cette proposition, qui va dominer toute notre discussion :

Du monde extérieur, nous ne connaissons que nos sensations.

Avant de démontrer cette proposition, développons-la par un exemple qui donnera au moins quelque idée de sa portée.

Prenons l'exemple d'une de ces investigations dans lesquelles, recourant le moins possible au raisonnement, on emploie les procédés d'observa-

tion les plus perfectionnés, et on s'imagine pénétrer presque dans l'intimité de la matière. Nous
voilà, supposons-le, faisant l'anatomie d'un animal ; après l'avoir sacrifié, nous mettons à nu ses
viscères, nous en examinons la couleur, la forme,
la dimension, les rapports ; puis, nous disséquons
l'organe, afin d'en connaître la disposition intérieure, la texture, la structure, la fonction ; puis,
non contents de l'anatomie macroscopique, nous
recourons aux procédés perfectionnés de l'histologie ; nous prélevons un fragment des tissus,
quelques milligrammes, nous le fixons, nous l'en-
robons, nous le débitons en coupes minces d'un
millième de millimètre, nous colorons et nous
portons sous le microscope, nous examinons avec
les grossissements les plus forts, nous dessinons,
nous interprétons. Tout ce travail d'observation
compliquée et raffinée, qui parfois se prolonge
pendant des mois et des années, aboutit à une
monographie contenant des descriptions minu-
tieuses d'organes, de cellules, de structures intra-
cellulaires, le tout représenté et défini par des
mots et des dessins. Or, ces descriptions et
ces dessins sont l'exposé des sensations diverses
que le zoologiste a reçues pendant qu'il faisait
son travail ; à ces sensations viennent s'ajouter de
très nombreuses interprétations qui proviennent de
la mémoire, du raisonnement et souvent aussi de

l'imagination du savant, source à la fois d'erreurs et de découvertes. Mais tout ce que le travail du zoologiste renferme de proprement expérimental vient des sensations qu'il a reçues ou qu'il pourrait recevoir; et dans l'exemple particulier que nous avons développé, ce sont presque uniquement des sensations visuelles.

Et cette remarque pourrait être répétée à propos de tous les objets du monde extérieur qui entrent en relation avec nous : que leur connaissance soit vulgaire ou d'ordre scientifique, peu importe, la sensation est sa limite; tous les objets nous sont connus par les sensations qu'ils produisent en nous, et ils ne nous sont connus que de cette manière. Un paysage n'est qu'un ensemble de sensations; la forme extérieure d'un corps n'est que sensation; et la structure intime, la plus délicate de la matière, les derniers éléments visibles d'une cellule, par exemple, tout cela n'est encore, dans la mesure où nous l'observons au microscope, que sensation.

Ceci compris, il faut se demander pourquoi nous venons d'admettre — avec la généralité des auteurs — que nous ne pouvons pas connaître un seul objet, tel qu'il est en lui-même, dans sa nature propre, mais seulement par l'intermédiaire des sensations qu'il éveille en nous. Cela revient à dire que nous devons ici des explications sur les deux points suivants : pourquoi nous admettons que nous ne percevons pas les objets, mais un intermédiaire; pourquoi nous appelons cet intermédiaire une sensation. Sur ce second point, nous présenterons pour le moment une simple remarque : nous employons le terme sensation à défaut de tout autre pour exprimer le caractère médiat de notre perception des objets ; et cet emploi n'implique, de notre part, aucune hypothèse; notamment, nous laissons complètement en suspens la question de savoir si la sensation est un phénomène matériel ou une manière d'être de l'esprit. Ce sont des questions que nous remettons à plus tard. Pour le moment, il doit être entendu que le mot sensation est seulement le nom de l'intermédiaire placé entre l'objet et notre faculté de connaître. Nous avons donc simplement à dire pourquoi nous avons admis que la perception extérieure des objets se fait médiatement, par procuration.

Il y a quelques philosophes, et non des moindres, qui ont cru que ce caractère médiat de toute perception est tellement évident qu'on n'avait pas besoin d'insister davantage. Stuart Mill, qui était certainement, et peut-être même par-dessus tout, un logicien attentif, commence un exposé de la thèse idéaliste à laquelle il tenait tellement, en disant avec négligence : « Il va sans dire que les

2

objets nous sont connus par l'intermédiaire des sens... Les sens nous disent nos sensations[1] ». Et c'est sur ces propositions là qu'il bâtit tout son système. « Il va sans dire... » est un peu léger. Nous croyons bien qu'il a eu tort de ne pas éprouver avec plus de sollicitude la solidité de son point de départ.

D'abord, cette limite posée à notre connaissance des objets qui excitent nos sensations n'est acceptée sans difficulté que par les personnes instruites ; elle étonne beaucoup les ignorants, quand on la leur explique. Et cet étonnement n'est point, quoi qu'il semble, un fait négligeable ; car il nous prouve que, dans l'état premier et naïf de nos connaissances, nous croyons percevoir directement les objets tels qu'ils sont. Or, si nous autres, les gens cultivés, nous avons abandonné pour la plupart[2] cette croyance primitive, nous n'avons fait cet abandon qu'à certaines conditions implicites, dont il faut maintenant prendre conscience.

C'est ce que nous allons montrer aussi clairement qu'il nous sera possible.

Prenons le cas de l'ignorant. Pour lui démontrer qu'il connaît seulement les sensations, et non les

1. STUART MILL, *La Philosophie de Hamilton*, trad. franç., p. 5 et 6.
2. Quelques philosophes subtils y sont revenus, comme nous l'expliquerons plus loin, au chapitre IV.

corps qui les excitent, on peut employer un procédé très frappant, qui n'exige aucun raisonnement subtil, et fait appel à ses observations;
c'est de lui apprendre, s'il ne le sait pas, que
toutes les fois qu'il perçoit un objet extérieur, il y
a quelque chose d'interposé entre l'objet et lui, et
ce quelque chose est son système nerveux.

Si nous ne connaissions pas l'existence de notre
système nerveux, nous admettrions sans hésitation
qu'en percevant les objets nous allons en quelque
sorte les chercher là où ils sont. Or, beaucoup
d'expériences nous prouvent que les objets nous
sont connus comme des excitants de notre système
nerveux, qui n'agissent sur ce système qu'à la
condition d'entrer en communication, en contact
avec ses extrémités terminales. Ils produisent dès
lors, dans l'intérieur de ce système, une modification particulière, que jusqu'ici nous sommes incapables de définir; c'est cette modification qui suit
le parcours de nos nerfs et se trouve transportée
jusque dans les parties centrales du système. Des
expériences précises de psychométrie ont mesuré la
vitesse de propagation de cette modification dans
nos nerfs; le parcours se fait lentement, à raison
de 20 à 30 mètres par seconde; et, ce qui est intéressant, c'est que cette mesure de vitesse a permis
de savoir à quel moment et par conséquent en connexion avec quelle excitation d'organe le phéno-

mène de conscience se produit; c'est quand les
centres cérébraux sont intéressés; le phénomène
conscient est donc postérieur au fait de l'excitation physique.

Je crois qu'il a fallu une longue série d'observations acceptées pour que nous soyons arrivés à
cette idée, aujourd'hui d'apparence si naturelle,
que les modifications produites dans l'intérieur de
notre système nerveux sont les seuls états dont
nous puissions avoir une directe conscience; et
comme une démonstration expérimentale est toujours limitée, il ne peut pas être absolument certain que les choses ne se passent jamais autrement,
et que nous ne sortons jamais de nous-même, que
notre conscience ou notre influx nerveux ne peut
pas s'extérioriser, jaillir en dehors de nos organes
matériels, voyager au loin, à la recherche des
objets, pour les connaître ou les modifier.

Avant d'aller plus loin, il faut préciser notre
terminologie. Nous venons de voir la nécessité de
faire une distinction entre les sensations dont nous
avons conscience et la cause inconnue qui produit
ces sensations, en agissant sur nos systèmes nerveux. Cette cause excitatrice nous l'avons souvent
appelée l'objet extérieur, pour nous faire comprendre. Mais on désigne aussi, couramment, sous
le nom d'objet extérieur des assemblages de sen-

sations, tels que ceux qui composent pour nous une
chaise, un arbre, un animal, un corps quelconque.
Je vois passer un chien dans la rue, j'appelle ce
chien un objet extérieur; mais, comme ce chien
est formé, pour moi qui le regarde, de mes sensations, et que ces sensations sont des états de mes
centres nerveux, il se trouve que le mot objet
extérieur a deux sens; il désigne tantôt nos sensations, tantôt la cause provocatrice de nos sensations. Pour éviter toute confusion, nous appellerons
l'X de la matière cette cause provocatrice qui nous
est inconnue.

Inconnue, pas tout à fait, cependant, car nous
en savons au moins deux choses : d'abord, que
cet X existe, et en second lieu que son image
ne doit pas être cherchée dans les sensations qu'il
provoque en nous.

Qu'il existe, disons-nous, comment en douter?
La même observation externe nous prouve du
même coup et qu'il existe ur objet distinct de nos
nerfs, et que nos nerfs nous en séparent. J'insiste
là-dessus, car des auteurs après avoir admis, sans
restriction, que notre connaissance se borne à des
sensations, ont été fort en peine de démontrer
ensuite la réalité de l'excitant distinct des sensations[1]. Nous n'avons pas besoin de démonstration,

1. Ainsi, l'embarras où se trouve STUART MILL est tout à fait
curieux. Ayant admis sans réserve que notre connaissance se

le témoignage des sens nous suffit. Nous avons vu l'excitant, il est comme un ami déguisé qui passerait devant nous, et tellement bien costumé et grimé que nous ne pouvons rien lui attribuer de ce que nous voyons de lui, mais nous savons que c'est lui.

Et, en effet, rappelons-nous sur quoi nous avons raisonné : sur une observation. Je regarde ma main, je vois un objet qui s'en rapproche et me donne une sensation de toucher. Je dis d'abord que cet objet est l'excitant. On me fait remarquer que je suis dans l'erreur; cet objet, qui m'apparaît en dehors de mon système nerveux, est composé, me dit-on, de sensations. Soit, ai-je le droit de répondre; mais si tout ce que je perçois est sensation, mon système nerveux lui-même est sensation; s'il n'est que cela, il n'est donc plus un intermédiaire entre l'excitant et moi, et il se trouve que nous percevons les choses telles qu'elles sont. Pour qu'il soit possible de prouver que je perçois non l'objet, mais ce *tertium quid* qui est la sensation, on est obligé d'admettre que le système nerveux est une réalité extérieure à la sensation,

borne à des sensations, il se trouve dans l'impuissance de poser une réalité au delà, et reconnaît que le principe de causalité ne peut pas servir légitimement à prouver que nos sensations ont une cause qui n'est point une sensation, parce que l'application de ce principe ne doit pas se faire en dehors du monde des phénomènes.

et que les objets qui jouent par rapport à lui le rôle d'excitants, et dont nous percevons l'existence sont également des réalités extérieures à la sensation.

Voilà ce que démontre le raisonnement abstrait; ce raisonnement se trouve appuyé, en outre, par un argument de bon sens.

Le monde extérieur ne peut pas se résumer dans quelques systèmes nerveux, suspendus comme des araignées dans l'espace vide. L'existence d'un système nerveux suppose celle d'un corps où il est logé; ce corps a des organes compliqués, ses membres supposent un sol sur lequel l'animal s'appuie; ses poumons supposent l'existence de l'oxygène venant vivifier son sang; son tube digestif suppose des aliments qu'il digère pour les assimiler à sa substance, et ainsi de suite.

Nous admettons bien que ce monde extérieur n'est pas, en lui, tel que nous le percevons, mais nous sommes obligés d'admettre qu'il existe, au même titre que le système nerveux, pour l'encadrer.

Le second fait d'observation, c'est que les sensations que nous éprouvons ne nous donnent pas l'image fidèle de l'X matériel qui les produit. La modification engendrée dans notre substance par cette force X ne ressemble pas nécessairement par sa nature, à la nature de cette force. Il y a là une

affirmation qui est contraire à nos opinions naturelles, et qu'il faut par conséquent démontrer. On
la démontre en général par les expériences qui
révèlent ce qu'on a appelé « la loi de l'énergie
spécifique des nerfs ». C'est une importante loi de
physiologie découverte par Müller il y a deux
siècles et on y attache des conséquences d'ordre
philosophique. Voici les faits sur lesquels cette loi
s'appuie. Si on ébranle les nerfs sensitifs par un
excitant toujours le même, on constate que les
sensations perçues par le patient diffèrent suivant
le nerf excité; les réophores d'un courant électrique appliqué sur le globe de l'œil donnent la
sensation d'une petite bluette lumineuse; sur
l'appareil auditif, le courant provoquera un bruit
de crépitement; sur la main, une sensation de
choc; sur la langue, une saveur métallique. A
l'inverse, des excitants tout à fait différents, mais
qui intéressent le même nerf, donnent des sensations pareilles; qu'on projette un rayon lumineux
sur l'œil, ou qu'on excite le globe oculaire par une
pression du doigt, qu'on fasse passer le courant
électrique dans l'œil, ou que, dans une opération chirurgicale, on sectionne le nerf optique
d'un coup de bistouri, l'effet est toujours le même,
en ce sens que le patient ressent toujours une
sensation lumineuse. En résumé, il y a, outre
l'excitant naturel de nos nerfs sensitifs, deux exci-

tants qui peuvent produire les mêmes effets sensitifs, c'est l'excitant mécanique et l'excitant électrique. D'où on a conclu que la nature propre de
la sensation qu'on éprouve dépend beaucoup moins
de la nature de l'excitant qui la provoque que de
la nature de l'organe sensoriel qui la recueille, du
nerf qui la propage et du centre qui la reçoit. On
irait peut-être un peu loin, en affirmant que l'objet
extérieur n'a aucune ressemblance d'aucune sorte
avec les sensations qu'il nous fait éprouver ; il
vaut mieux se contenter de dire que nous ne savons
pas dans quelle mesure cela se ressemble et cela
diffère.

Quand on y songe, on trouve qu'il y a là dedans
un très grand mystère, car cette spécificité de nos
nerfs ne se rattache à aucun détail observable
dans leur structure. Ce sont, très probablement,
les centres récepteurs qui sont spécifiques ; c'est
à eux, à leur mécanisme que nous devons d'éprouver, pour un même excitant, une sensation de son
ou bien une sensation de couleur, c'est-à-dire des
impressions qui apparaissent, quand on les compare, comme étant ce qu'il y a de plus différent
au monde. Or, autant que nous pouvons nous en
rendre compte, la structure histologique de notre
centre auditif est la même que celle de notre centre
visuel ; ce sont des amas de cellules de formes
diverses, multipolaires et soutenues dans un stroma

conjonctif; la structure des fibres et des cellules
varie un peu entre les régions motrices et les
régions sensitives; mais il n'y a pas encore eu
moyen d'apercevoir une différence constante entre
les cellules nerveuses du centre optique et celles
du centre auditif.

Il doit y avoir là une différence, notre esprit la
réclame; mais notre œil ne la saisit pas.

Admettons cependant que demain, ou dans
plusieurs siècles, une technique meilleure nous
montre une différence matérielle entre le neurone
visuel et le neurone auditif. Ce n'est pas absurde à
supposer; c'est une découverte possible, puisqu'elle
est dans l'ordre des faits matériels.

Mais cette découverte ne nous mènera pas bien
loin; car ce qui complique terriblement le problème, c'est que nous ne pouvons pas connaître
directement la structure de notre système nerveux.

Bien que fort rapproché de nous, bien qu'il soit
en nous, pour ainsi dire, il ne nous est pas connu
autrement que l'objet que nous tenons entre les
mains, le sol sur lequel nous marchons ou le paysage qui forme notre horizon.

Il n'est pour nous qu'une sensation; sensation
réelle, lorsque nous l'observons dans la dissection
d'un animal ou dans l'autopsie d'un de nos semblables; sensation imaginée et transposée, lorsque
nous faisons notre étude au moyen d'un atlas

d'anatomie ; sensation toujours. C'est par l'intermédiaire de notre système nerveux que nous
devons percevoir et imaginer ce que peut être un
système nerveux ; par conséquent nous ignorons
la modification qu'imprime à nos perceptions et
imaginations cet intermédiaire dont la nature nous
échappe.

Donc, quand nous cherchons à saisir la nature
intime du monde extérieur, nous sommes devant
lui comme devant le noir absolu ; il n'existe probablement dans la nature, en dehors de nous, ni
couleur, ni odeur, ni son, ni force, ni résistance,
ni étendue, ni rien de ce que nous connaissons
comme sensation.

La lumière est produite par une excitation du
nerf optique, elle ne brille que dans notre cerveau ;
quant à l'excitation elle-même, rien ne prouve
qu'elle soit lumineuse ; en dehors de nous, c'est
la nuit profonde, c'est même moins que la nuit,
puisque la nuit est corrélatrice de la lumière. De
même toutes les excitations sonores qui nous
assaillent, les bruits de machine, les bruits de la
nature, les mots et les cris de nos semblables sont
produits par des excitations de notre nerf acoustique ; c'est dans notre cerveau que le bruit se
produit ; en dehors, règne un silence de mort. On
pourrait en dire autant de tous nos autres sens.

Aucun de nos sens n'est révélateur de la réalité

extérieure, aucun sans exception; à ce point de
vue, il n'y a ni sens supérieur, ni sens inférieur;
les sensations de la vue, en apparence si objectives,
si plongeantes, ne nous font pas mieux sortir de
nous que les sensations de goût qu'on localise dans
la langue.

En résumé, notre système nerveux qui nous
sert à entrer en communication avec les objets,
nous empêche, d'autre part, de connaître leur
nature. Il est un organe de relation avec le monde
extérieur; il est aussi, pour nous, une cause d'isolement. Nous ne sortons jamais de nous-mêmes.
Nous sommes des emmurés.

Et tout ce que nous pouvons dire de la matière
et du monde extérieur, c'est qu'elle nous est
révélée uniquement par les sensations qu'elle
nous donne, qu'elle est la cause inconnue de nos
sensations, l'excitant inaccessible de nos organes
des sens, et que les idées que nous pouvons nous
faire sur la nature et les propriétés de cet excitant,
dérivent nécessairement de nos sensations et sont
subjectives autant que ces sensations.

Mais il faut se hâter d'ajouter que ce point de
vue est celui auquel on arrive quand on envisage
les relations de la sensation avec sa cause inconnue, le grand X de la matière. La science positive
et la vie pratique ne prennent point pour objet
cette relation de la sensation avec l'Inconnaissable;

elles l'abandonnent à la métaphysique ; elles se cantonnent dans l'étude de la sensation et étudient les relations réciproques des sensations avec les sensations. Celles-ci, jugées comme des apparences trompeuses, lorsqu'on y cherche l'expression de l'Inconnaissable, perdent ce caractère illusoire lorsqu'on les considère dans leurs rapports réciproques ; elles constituent pour nous la réalité, toute la réalité, et le seul objet de la connaissance humaine. Le monde n'est qu'un ensemble de sensations présentes, passées et possibles ; l'affaire de la science est de les analyser et de les coordonner, en séparant leurs relations accidentelles et leurs relations constantes.

CHAPITRE III

Les théories mécaniques de la matière ne sont que des symboles.

Si nous tenons ferme dans notre esprit la conclusion précédente, conclusion qui, j'en suis sûr,
n'a rien de personnel ni de bien nouveau, nous
éprouverons une certaine satisfaction à assister aux
débats des physiciens sur l'essence de la matière,
sur la nature de la force, de l'énergie, sur les relations de la matière pondérable et de la matière
impondérable. Chacun sait combien le combat qui
s'est livré sur cette question est ardent ; il augmente encore d'intensité à l'heure actuelle, par
suite du trouble qu'ont apporté dans les théories
les nouvelles découvertes sur la radio-activité[1]. A
ces discussions nous pouvons assister nous autres

1. Je signale, dans cette bibliothèque, le volume récent de
GUSTAVE LE BON sur l'Évolution de la Matière, livre plein d'idées
personnelles et hardies.

psychologues, bien tranquillement, avec ce plaisir égoïste qu'on éprouve sans se l'avouer, lorsqu'on regarde des gens qui se battent et qu'on est soi-même à l'abri des coups. Nous avons, en effet, le sentiment que quoi qu'il puisse sortir des discussions sur l'essence de la matière, on ne pourra pas dépasser cette vérité que la matière est un excitant de notre système nerveux, et n'est connue que par rapport à la perception que nous en avons.

Ouvrons un livre de physique ou de physiologie, nous constaterons avec étonnement combien les considérations précédentes sont méconnues. Les observateurs de la nature, qui cherchent, et cela est bien légitime, à donner à leurs observations le maximum d'exactitude, montrent une préoccupation constante : ils se méfient de la sensation.

Une bonne part de leurs efforts consiste, à ce qu'ils disent, à réduire le rôle de la sensation dans les sciences à la portion congrue.

L'invention des appareils d'observation est présentée constamment comme un moyen de remédier à l'imperfection de nos sens. En physique, le thermomètre remplace la sensation de chaleur qu'éprouve notre peau, notre main par exemple, par l'élévation mesurable d'une colonne de mercure ; le plateau d'une balance de précision remplace la sensation vague du soupèsement des poids; en physiologie, l'appareil enregistreur remplace la sensation du pouls que le médecin sent à la pulpe de l'index, par un tracé écrit sur papier en caractères indélébiles, et dont on peut mesurer linéairement la durée, l'intensité, ainsi que les combinaisons si variées de ces deux éléments.

Les savants qui se piquent de philosophie ont célébré dans des pages très éloquentes la supériorité de l'instrument physique sur la sensation

Evidemment, l'ardeur de l'éloge les induit en erreur; l'appareil d'enregistrement le plus parfait doit finalement, à la suite de ses opérations les plus savantes, s'adresser à nos sens, et nous donner quelque petite sensation; la lecture de la hauteur d'ascension atteinte par la colonne de mercure, dans un thermomètre qu'on échauffe, se fait par une sensation visuelle; c'est encore par la vue qu'on contrôle les mouvements de la balance et qu'on analyse le graphique du sphygmographe. On peut bien accorder aux physiciens et aux physiologistes tous les avantages des appareils; cela n'est pas en question; mais cela prouve simplement qu'il y a sensation et sensation; certaines sensations sont meilleures que d'autres, plus précises; la sensation visuelle de relation dans l'espace paraît être par excellence la sensation scientifique, celle qu'on cherche à substituer à toutes les autres. Mais ce n'est après tout qu'une sensation.

Admettons qu'il n'y a dans tout ce mépris des physiciens pour la sensation, que des écarts de langage ; une périphrase suffirait à les corriger, et il n'en resterait plus trace. Soit. Mais voici qui est bien plus grave. Quand on s'est convaincu que notre connaissance du monde extérieur se limite à des sensations, on ne comprend plus qu'il soit possible de se livrer, comme les physiciens le font, à des spéculations sur la constitution de la matière.

Il y a eu jusqu'ici trois manières principales de se représenter les phénomènes physiques de l'univers. La première, la plus abstraite, la plus éloignée de la réalité, est surtout verbale ; elle consiste dans l'emploi de formules où la qualité des phénomènes est remplacée par leur grandeur, où cette grandeur, fournie par des procédés de mesure les plus précis, devient l'objet de raisonnements abstraits qui permettent de prévoir ses modifications dans des conditions expérimentales données.

C'est la mathématique pure, science formelle, dépendance de la logique.

Une autre conception, moins réservée que la précédente, et celle-ci de date assez récente, consiste à traiter toutes les manifestations de la nature comme des formes de l'*énergie*.

Ce terme d'énergie a un contenu très vague, il

3.

exprime tout au plus deux choses : d'abord il repose
sur un souvenir lointain de force musculaire ; il fait
penser obscurément à la sensation qu'on éprouve
lorsqu'on serre les poings ; et ensuite il trahit une
sorte de respect, bien naturel, pour les forces de
la nature, qui, dans toutes les images que l'homme
s'en est fait, apparaissent constamment comme
supérieures à la sienne. On dira : l'énergie de la
nature, on ne dira pas, ce qui, expérimentalement,
serait aussi vrai : la faiblesse de la nature. Le mot
faiblesse nous est réservé. A part ces suggestions
indécises, le terme énergie est bien celui qu'il convient d'employer pour nommer des phénomènes
dont on ne cherche pas à pénétrer la nature
intime, mais dont on veut connaître les lois et
mesurer les degrés.

Une troisième conception, plus imaginative, plus
téméraire, est la théorie mécanique ou cinétique ;
celle-là veut absolument se représenter, se figurer
comment les phénomènes ont réellement lieu ; et
cherchant celle des propriétés de la matière qui
est la plus clairement perçue, la plus facile à
définir et à analyser, la plus apte à se prêter à la
mesure et au calcul, on a choisi le mouvement. On
a donc réduit toutes les propriétés de la matière à
celle-là, et en dépit des apparences contraires que
nous montrent nos sens, on a admis que les phénomènes les plus variés sont produits, au fond de

leur intimité, par le déplacement de particules matérielles ; le son, la lumière, la chaleur, l'électricité, et même l'influx nerveux seraient dus à des mouvements vibratoires, ne variant que par leurs directions et leurs périodes, et toute la nature s'expliquerait comme un problème de géométrie animée. Cette dernière théorie, qui s'est montrée très féconde dans l'explication des phénomènes les plus délicats du son et de la lumière, a impressionné si fortement les esprits qu'on en est venu à déclarer que l'explication des phénomènes par les lois de la mécanique a seule le caractère d'une explication scientifique. Récemment encore il semblait hérétique de combattre de telles idées.

Mais tout récemment un revirement s'est fait dans l'opinion. Contre des physiciens, des mathématiciens surtout se sont levés, et se plaçant sur le terrain de la science, ils ont montré que tous les mécanismes inventés ont une multitude de défauts; d'abord dans chaque cas particulier une complication telle que l'expliqué est beaucoup plus simple que l'explicant ; ensuite un défaut d'unité tel qu'il faut imaginer des mécanismes tout spéciaux adaptés à chaque détail phénoménal ; et enfin, argument le plus grave de tous, un tel degré de compréhension et de souplesse qu'on ne trouve aucune loi expérimentale dont on ne puisse rendre

compte mécaniquement, aucun fait d'observation
qui démontre l'erreur de l'explication mécanique;
preuve que ce mode d'explication n'a aucun sens.

Notre manière de combattre le mécanisme par-
tira d'un point de vue tout différent; la psychologie a bien le droit de dire son petit mot ici,
comme sur la valeur de toute espèce de théorie
scientifique, puisqu'elle connaît la nature des
besoins mentaux dont ces théories sont l'expression, et auxquels ces théories cherchent à donner
satisfaction. On ne l'a pas encore assez remarqué :
notre psychologie ne se laisse pas parquer, comme
la physique ou la sociologie, dans le tableau logique
des connaissances humaines, car elle a, par privilège unique, un droit de police sur les autres
sciences. Nous allons voir que la discussion psychologique du mécanisme porte plus loin que celle
des mathématiciens.

Du moment que notre connaissance ne peut pas
dépasser la sensation, rappellerons-nous d'abord,
quel sens peut-on donner à une explication de la
nature intime de la matière? Ce ne peut être
qu'un artifice, un symbolisme, un procédé commode
de classification, pour réunir les qualités si différentes des choses sous une synthèse unificatrice;
procédé ayant à peu près autant de valeur théorique
que la mnémotechnie, qui, substituant des lettres
aux chiffres nous aide à retenir ces derniers. Cela ne

veut pas dire que les chiffres sont, au fond, des
lettres, mais c'est une substitution conventionnelle
qui a un avantage pratique. Ce que la mnémotechnie est pour la mémoire, la théorie mécanique le
serait pour notre besoin d'unification.

Malheureusement, il n'en est pas ainsi ; l'excuse
que nous cherchons aux mécaniciens est illusoire. On ne peut pas se méprendre sur leur
ambition.

Malgré la prudence de quelques-uns, et l'équivoque où se sont complus quelques autres, ils ont
fait de la description dans l'absolu, et non dans le
relatif. A prendre leurs conceptions à la lettre,
ils ont cru que le mouvement de la matière est
quelque chose qui existe en dehors de notre œil,
de notre main, de notre sens, en un mot *quelque
chose de nouménal* (comme aurait dit Kant). La preuve
que c'est bien là leur idée, c'est qu'on nous présente le mouvement comme s'il était la vraie cause
externe et explicative de nos sensations, l'excitation
extérieure à nos nerfs. Le moindre livre de physique
est imprégné de cette conception déconcertante.
Ouvrons une description sur l'acoustique ; nous y
lisons que le son et le bruit sont des états subjectifs,
qui n'ont pas de réalité en dehors de notre appareil
auditif ; ce sont des sensations produites par une
cause extérieure, qui est le mouvement vibratoire
des corps sonores. D'où la conclusion que ce

mouvement vibratoire n'est pas lui-même une
sensation. Autre preuve, encore plus convaincante :
c'est le mouvement vibratoire et silencieux qui est
appelé par les physiciens à expliquer les particularités de la sensation subjective ; ainsi les interfé-
rences, les battements des sons, et en somme toute
la physiologie de l'oreille est traitée comme un
problème de cinématique, et s'explique par des
compositions de mouvements.

Quel genre de réalité les physiciens accordent-
ils donc aux déplacements de matière ?

Où les placent-ils, puisqu'ils admettent d'autre
part que l'essence de la matière nous est inconnue ?
Faudrait-il supposer qu'outre le monde des noumènes, outre le monde des phénomènes et des
sensations, il existe un troisième monde, intermédiaire aux deux précédents, le monde des atomes
et de la mécanique ?

Un court examen suffit d'ailleurs à montrer de
quoi est formé ce modèle mécanique qu'on nous
présente comme constituant l'essence de la matière ;
ce sont et ce ne peuvent être que des sensations,
puisque nous sommes incapables de percevoir et
d'imaginer autre chose. Ce sont des sensations de
la vue et des sensations du toucher, et même du
sens musculaire. Le mouvement est un fait vu par
l'œil, senti par la main ; il entre en nous par la
perception que nous avons des masses macrosco-

piques solides qui existent dans notre champ
d'observation, de leurs mouvements et de leur équi-
libre, et des déplacements que nous-mêmes exécu-
tons avec notre corps ; voilà l'origine sensorielle, très
humble, très grossière, de toute la mécanique des
atomes ; voilà l'étoffe dont notre haute conception
est formée. Notre esprit peut bien, par un travail
d'épurement, dépouiller le mouvement de la
plupart de ses qualités concrètes, le séparer même
de la perception de l'objet qui se meut, en faire
un je ne sais quoi d'idéal et de schématique, ce
n'en est pas moins un résidu de sensations visuelles,
tactiles et musculaires ; et par conséquent, ce n'est
là encore qu'un état subjectif, lié à la structure de
nos organes. Nous sommes, du reste, si bien
enfermés dans la sensation qu'aucune de nos conceptions les plus hardies ne peut en briser le
cercle.

Ce n'est pas seulement la notion du mouvement
qui vient de la sensation ; c'est encore celle d'extériorité, celle d'espace, celle de position et, par
opposition celle d'événements intérieurs ou psychologiques. Sans affirmer une certitude, nous rappel-
lerons qu'il est infiniment probable que ces
notions dérivent de notre expérience musculaire :
le mouvement libre, le mouvement empêché,
l'effort, la vitesse du mouvement et sa direction,
tels sont les éléments sensoriels qui, selon toute

vraisemblance, constituent le fond de nos idées
sur l'espace et sur ses propriétés ; autant de
notions subjectives que nous n'avons pas le droit
d'objectiver dans le monde externe.

Et ce qu'il y a de plus remarquable, c'est que
même l'idée d'objet, l'idée de corps, l'idée de
matière, dérive des sensations visuelles et tactiles,
qui ont été illégitimement érigées en entités. Nous
en sommes arrivés en effet à considérer la matière
comme un être séparé des sensations, supérieur
à nos sensations, distinct des propriétés qui nous
la font connaître, et réunissant en quelque sorte
ces propriétés en un faisceau. C'est encore là une
conception à base de visualisation et de muscula-
risation ; elle consiste à rapporter à des sensations
visuelles et autres, élevées à la dignité de causes
extérieures et permanentes, les autres sensations,
que l'on considère comme des effets des premières
sur nos organes des sens.

Il faut un grand effort pour chasser de notre
esprit ces conceptions familières, qui ne sont,
comme on le voit, que du réalisme naïf.

Oui, la conception mécanique de l'univers n'est
que du réalisme naïf.

Voici, pour récapituler notre idée et la mieux
traduire par un exemple, voici un diapason
placé devant nous sur une table. D'un coup
d'archet vigoureux, nous le faisons entrer en

vibration ; les deux branches s'écartent, oscillent rapidement, et un son d'une hauteur particulière se fait entendre. Le diapason est en relation, par des fils électriques, avec un signal Déprez, qui inscrit ses vibrations sur la surface noircie d'un cylindre tournant ; et nous pouvons ainsi connaître par l'examen du tracé qui s'engendre sous nos yeux, tous les détails du mouvement qui l'anime. Nous percevons, parallèlement l'un à l'autre, deux ordres de phénomènes différents : des phénomènes visuels, qui nous apprennent que le diapason vibre ; des phénomènes auditifs qui nous apprennent qu'il fait entendre un son.

Le physicien consulté sur l'explication de tout cela, nous répond : « C'est la vibration du diapason qui, transmise par l'air, est portée jusqu'à notre appareil auditif, fait vibrer le tympan, qui communique son mouvement aux osselets de l'oreille moyenne, et par là (abrégeons les détails) aux terminaisons du nerf auditif, et produit en nous une sensation subjective de son ». Eh bien, en tenant ce langage, le physicien commet une erreur d'interprétation ; en dehors de notre oreille, il existe un quelque chose que nous ne connaissons pas, et qui l'excite ; ce quelque chose ne peut pas être le mouvement vibratoire du diapason, car ce mouvement vibratoire, que nous voyons, est aussi une sensation subjective ; il n'existe pas plus

4

en dehors de notre vue que le son n'existe en
dehors de notre oreille. A tout prendre, il est
aussi absurde d'expliquer une sensation de son
par une sensation de vue, qu'une sensation de vue
par une sensation de son.

On ne serait pas plus loin de la vérité ni plus
près, si on répondait au physicien de tout à
l'heure : « Vous donnez la prépondérance à votre
œil ; moi, je la donne à mon oreille. Le diapason
que voici vous paraît vibrer : erreur ! Voici comment les choses se passent. Ce diapason produit
un son qui en venant exciter notre rétine, nous
donne une sensation de mouvement ; cette sensation visuelle de vibration est une sensation
purement subjective ; la cause extérieure du phénomène, c'est le son. Le monde extérieur est un
concert de sons qui s'élève dans l'immensité des
espaces. La matière, c'est du bruit, et le néant,
c'est le silence. »

Cette théorie de l'expérience précédente n'est
pas absurde ; mais en fait, il est probable que
personne ne voudrait ni même ne pourrait l'accepter, si ce n'est verbalement, par jeu, par défi,
pour le plaisir de métaphysiquer. C'est que toute
notre évolution, pour des causes qu'il serait trop
long de détailler, a établi une hégémonie de
certains de nos sens sur les autres. Nous sommes
devenus surtout des visuels, des manuels ; c'est

l'œil et la main qui nous donnent, du monde
extérieur, les perceptions que nous utilisons presque
exclusivement dans nos sciences ; et nous sommes
maintenant incapables de nous représenter le fond
des phénomènes autrement que par ces organes.
Ainsi, toute l'expérience précédente, depuis le
coup d'archet jusqu'au bruit final, se représente
naturellement à nous dans ses termes visuels ; et,
de plus, ces termes ne se bornent pas à une série
de sensations détachées.

La sensation visuelle se combine avec la tactile
et la musculaire, et forme des constructions sen-
sorielles qui se suivent, se continuent, s'ordonnent
logiquement ; au lieu de sensations, ce sont des
objets, des rapports d'espace entre ces objets, des
actions qui les lient, des phénomènes qui passent
des uns aux autres. Tout cela n'est que sensation,
soit ; mais à peu près comme les molécules
agglutinées du ciment et de la pierre sont un
palais.

Aussi peut-on expliquer avec cohérence toute
la série d'événements visuels, qui composent notre
expérience du diapason ; on comprend que c'est
le mouvement de ma main, armée de l'archet,
qui s'est communiqué au diapason ; on comprend que ce mouvement, en passant dans le
diapason, a changé de forme et de rythme ; on
comprend que l'onde produite par le diapason se

transmet, par les oscillations des molécules
aériennes, jusqu'à notre tympan, et ainsi de suite.
Il y a dans toute cette série d'expériences une
admirable continuité, qui satisfait pleinement notre
esprit. Nous avons beau être convaincus, par les
raisons théoriques indiquées plus haut, qu'on aurait
autant le droit de représenter la même série
d'événements sous une forme auditive ; cette forme-
là, nous serions incapables de la réaliser.

Que pourrait être la structure de l'oreille pour ·
quelqu'un qui ne la connaîtrait que par le sens de
l'ouïe ? Que deviendrait le tympan, les osselets, la
cochlée, les terminaisons du nerf acoustique, s'il
n'était permis de les représenter que dans le
langage du son ? On a bien de la peine à le supposer.

Pourtant, puisque nous faisons de la théorie, ne
nous laissons pas arrêter par quelques difficultés de
compréhension. Peut-être un peu d'entraînement
permettrait-il de les vaincre. Peut-être les musi-
ciens qui découvrent autant de réalité dans ce qu'on
entend que dans ce qu'on voit, seraient-ils mieux
préparés que d'autres à comprendre la transposition nécessaire ; quelques-uns, dans des auto-
biographies, ont fait en passant des remarques très
suggestives sur l'importance qu'ils donnent aux
sons ; et d'ailleurs le monde de la musique, avec
ses notes, ses intervalles et son orchestration, vit

ct se développe d'une manière entièrement indépendante de la vibration.

Peut-être pourrions-nous citer déjà quelques
exemples qui seraient une amorce. Pour mesurer
la longueur d'un corps, au lieu d'appliquer dessus
un mètre, on pourrait en ausculter le son ; la hauteur
du son donné par deux cordes permet de conclure
leur différence de longueur, et même la longueur
absolue de chacune d'elles. La composition chimique d'un corps pourrait être constatée par sa résistance électrique, et celle-ci connue par le télé-
phone, c'est-à-dire l'oreille. Exemple plus subtil :
on pourrait, avec des sons, dont on étudierait les
relations harmonieuses, faire des calculs comme
on en fait présentement avec des chiffres. On pourrait même résoudre sonorement une véritable
règle de trois ; trois sons étant donnés, notre
oreille peut en trouver un quatrième qui soit avec
le troisième dans le même rapport que le second
avec le premier. Toute oreille musicale exécute
facilement cette opération ; or, ce quatrième son,
qu'est-ce autre chose que le quatrième terme d'une
règle de trois ? Et en prenant en considération le
nombre de ses vibrations, on aurait du problème
une solution numérique. Cette machine à calculer
d'un nouveau genre servirait à donner des prix
d'étoffe, indiquer des courtages, des pourcentages;
et la solution serait atteinte sans chiffres, sans

4.

calcul, sans visualisation, rien que par l'oreille.

Et en suivant encore cette même idée, on pourrait aller un peu plus loin. On se convaincrait que notre science actuelle est humaine, petite et contingente, qu'elle est intimement liée à la structure de nos organes sensoriels, que cette structure dépend de l'évolution qui les a pétris, que cette évolution a été un accident historique, qu'à l'avenir elle pourrait devenir différente, et que, par conséquent, à côté ou à la place de notre science actuelle, œuvre de notre œil et de notre main, — et aussi de notre verbe — il aurait pu se constituer, il pourrait encore se constituer des sciences entièrement, extraordinairement nouvelles, celles de l'audition, de l'olfaction, de la gustation, et même d'autres genres de sensations, que nous ne pouvons prévoir ni concevoir, parce qu'elles ne sont pas, pour le moment, différenciées en nous.

Outre la matière que nous connaissons, matière très spéciale, pétrie de vision et de toucher, il pourrait exister d'autres matières aux propriétés totalement différentes.

Mais arrêtons notre rêve. L'intérêt de notre discussion n'est point dans la substitution hypothétique de l'ouïe ou de tout autre sens à la vue. Il est dans la suppression complète de toute explication de l'objet nouménal par des termes empruntés au langage de la sensation. Et c'est là notre dernier

mot. Il faut, en repoussant le mécanisme, nous
délivrer d'une conception trop étroite sur la constitution de la matière. Et cet affranchissement aura
pour nous un bénéfice très grand, que nous allons
recueillir bientôt. Nous éviterons l'erreur de croire
que la mécanique est la seule chose réelle, et que
ce qui ne s'explique pas mécaniquement est
incompréhensible. Nous aurons alors plus de liberté
d'esprit pour comprendre ce que peut être l'union
de l'âme avec le corps.

CHAPITRE IV

Réponse à quelques objections et résumé.

Nous avons exposé les idées précédentes en prenant le tour qui nous paraissait le meilleur. A la réflexion, nous avons constaté que notre mode d'exposition et de démonstration pouvait être critiqué, beaucoup plus que notre conclusion. Or, comme c'est la conclusion qui, seule, a ici quelque importance, il convient de ne pas la rendre solidaire des arguments par lesquels nous l'avons appuyée.

Ces arguments se résument dans l'attestation qu'entre les objets et notre conscience il y a un intermédiaire, notre système nerveux. Nous avons même établi que l'existence de cet intermédiaire est directement prouvée par l'observation ; et par suite nous avons conclu que nous ne percevons pas directement l'objet lui-même, mais un *tertium quid*, qui est la sensation.

Plusieurs objections pourraient nous être faites. Enumérons-les :

1° Il n'est pas inconcevable que les objets agissent directement sur notre conscience sans prendre l'intermédiaire de notre système nerveux. Quelques auteurs, les spirites notamment, croient à la possibilité des âmes désincarnées, et ils admettent implicitement que ces âmes restent en communication avec le monde terrestre, assistent à nos actions et entendent nos propos. Puisqu'elles n'ont plus d'organes des sens, il faut supposer que ces âmes errantes, si elles existent, peuvent percevoir directement les objets matériels. Il est évident que de telles hypothèses n'ont, jusqu'ici, rien de scientifique, et que les démonstrations qu'on en donne éveillent plutôt le scepticisme qu'un autre sentiment. Néanmoins, nous n'avons pas le droit d'exclure, par un raisonnement *a priori*, la possibilité de cette catégorie de phénomènes ;

2° Plusieurs auteurs allemands ont soutenu dans ces dernières années que si le système nerveux intervient dans la perception des objets extérieurs, c'est un intermédiaire fidèle qui ne doit exercer aucun changement sur les actions physiques qu'il recueille du dehors pour les transmettre à notre conscience. D'après cette manière de voir, la couleur existerait en dehors de notre œil, en tant que couleur, le son existerait en tant

que son, et d'une manière générale il n'y aurait
dans la matière aucune propriété mystérieuse,
puisque nous percevrions cette matière telle qu'elle
est. C'est une interprétation bien inattendue, par
laquelle des scientifiques viennent donner raison
à la croyance du sens commun ; ils réhabilitent
une opinion que les philosophes avaient jusqu'ici
tournée en dérision, sous le nom de réalisme
naïf, ce qui démontre que la naïveté des uns peut
devenir pour les autres quelque chose de tout à
fait raffiné

Pour établir scientifiquement cette opinion, on
bat en brèche la théorie de l'énergie spécifique des
nerfs. Nous avons rappelé plus haut en quoi
cette théorie consiste ; nous avons montré que si
on excite mécaniquement ou électriquement nos
différents nerfs sensoriels, on provoque chaque
fois, malgré l'identité de l'excitant, une sensation
différente, de la lumière pour le nerf optique, du
son pour le nerf acoustique, et ainsi de suite. On
répond maintenant à cet argument de fait que la
nature de ces excitants doit être complexe. Il n'est
pas impossible, croit-on, que la force électrique
contienne en elle-même des actions lumineuses
et sonores ; il n'est pas impossible qu'une excitation mécanique change l'état électrique du nerf
intéressé, et que, par conséquent, ces effets
subsidiaires expliquent comment un même agent

peut produire, selon les nerfs, des effets différents ;

3° Après les spirites, après les expérimentateurs,
parlons des métaphysiciens. Chez eux, on a toujours trouvé des échantillons d'opinions les plus
diverses, et des arguments pour et contre toutes
les théories possibles.

Il en est ainsi, par exemple, pour la perception
extérieure. Les uns ont prétendu qu'elle est indirecte, les autres ont soutenu au contraire qu'elle
est immédiate. Ceux qui tiennent pour le mode
indirect s'inspirent de Berkley, qui assure que les
qualités sensibles des corps n'ont d'existence que
dans notre esprit, et consistent proprement en
idées représentatives · cette doctrine s'appuie
expressément sur cet argument que la pensée
diffère trop en nature de la matière pour qu'on
puisse admettre une communication entre ces
deux substances. Souvent, des auteurs font ici
une affirmation et se dispensent de la prouver;
il leur suffit d'attester ou même de supposer que
l'esprit ne peut pas avoir conscience d'autre chose
que de ses propres états.

D'autres philosophes, avons-nous dit, soutiennent que « les choses qui existent réellement
sont les choses mêmes que nous percevons ».
C'est Thomas Reid qui a défendu, du moins en
quelques passages de ses écrits, la théorie de la

perception immédiate, ou de l'intuition. Elle a été
défendue aussi par Hamilton d'une manière plus
expresse[1]. Elle a été reprise dans ces dernières
années par un philosophe profond et subtil,
M. Bergson, qui, ne pouvant admettre que le système nerveux soit un *substrat de connaissance*, et
nous serve à percevoir, en fait un organe uniquement moteur, et enseigne que les parties sensitives du système, c'est-à-dire les nerfs centripètes,
l'optique, l'acoustique, etc., n'éveillent, quand ils
sont excités, aucune espèce de sensation; ils ont
uniquement pour but de conduire les ébranlements, de la périphérie à la périphérie, c'est-à-
dire des objets extérieurs aux muscles du corps.
Cette hypothèse, vraiment un peu difficile à comprendre, place l'esprit, si je ne me trompe, comme
puissance de perception et de représentation, dans
l'intervalle compris entre l'objet extérieur et le
corps, de sorte que l'esprit est mis en contact
direct avec les objets extérieurs et les connaît tels
qu'ils sont.

On remarquera que ces trois interprétations : la
spirite, l'expérimentale et la métaphysique, sont
en contradiction formelle avec celle que nous
avons exposée plus haut; elles nient la supposition
qu'un système nerveux nous sert d'intermédiaire

1. Lire le chapitre x de *La Philosophie de Hamilton*, par
STUART MILL, p. 176 et *seq.* de la traduction française.

avec la nature, et qu'il transforme la nature avant
de l'apporter à notre conscience. Et il semble
qu'en contredisant notre proposition fondamentale, ces trois hypothèses nouvelles vont conduire
à une conclusion toute différente.

Or, il n'en est rien. La conclusion que nous
avons présentée se conserve intégralement, malgré
ce changement de point de départ ; et voici pourquoi. Il est facile de remarquer qu'on ne peut se
représenter la structure intime de la matière en
faisant usage de toutes nos sensations sans distinction, parce qu'il est impossible de faire rentrer
toutes ces sensations dans une même construction
synthétique ; elles sont trop dissemblables pour
cela. Ainsi, on s'efforcerait en vain de réunir dans
un schéma quelconque un mouvement de molécules et une odeur ; ces éléments sont tellement
hétérogènes qu'il n'y a pas moyen de les souder
et de les combiner.

Les physiciens s'en sont aperçus plus ou moins
consciemment, et ne pouvant vaincre de front la
difficulté créée par l'hétérogénéité des sensations,
ils l'ont tournée ; l'artifice ingénieux qu'ils ont
imaginé a consisté à retenir seulement quelques-
unes de ces sensations, et à rejeter les autres ; on
a considéré les premières comme représentant
réellement l'essence de la matière, et les secondes
comme des effets des premières sur nos organes

des sens ; les premières étaient réputées vraies,
peut-on dire, les secondes étaient réputées fausses,
c'est-à-dire subjectives, c'est-à-dire ne représentant pas l'X de la matière. Nous avons réfuté cette
argumentation en montrant que toutes nos sensations sans distinction sont subjectives, également
fausses au regard de l'X de la matière, et qu'aucune, par conséquent, n'a le droit de prétendre à
expliquer les autres.

Maintenant, d'après une nouvelle interprétation,
on nous apprend que les sensations seraient toutes
vraies également, et que toutes représentent fidèlement le grand X. Si elles sont toutes vraies également, c'est absolument comme si elles étaient
toutes fausses ; aucune n'a de privilège sur les
autres, aucune n'est plus vraie que les autres,
aucune n'est capable d'expliquer les autres,
aucune ne peut usurper le droit de représenter
à elle seule l'essence de la matière ; et nous nous
trouvons toujours, dans ce cas comme dans le
précédent, devant cette difficulté insurmontable
de faire une synthèse avec des éléments hétérogènes.

Tout ce qui précède se résume dans les points
suivants :

1° Du monde extérieur, nous ne connaissons
que nos sensations ; toutes les propriétés physiques
de la matière se résolvent pour nous en sensations

présentes, passées ou possibles; il ne faut point
dire que c'est par l'intermédiaire, par le moyen de
la sensation que nous connaissons ces propriétés,
car ce serait supposer que les propriétés sont
distinctes des sensations; les objets ne sont, en
réalité, pour nous, que des agrégats de sensations;

2° Les sensations appartiennent à différents
organes des sens, la vision, l'audition, le toucher,
le sens musculaire, etc. Quel que soit le sens
intéressé, une sensation a les mêmes droits que
les autres, au point de vue de la connaissance des
objets extérieurs. Il est impossible de les distinguer en subjectives et objectives, en donnant à
cette distinction le sens que certaines sensations
représentent les objets tels qu'ils sont, tandis que
certaines autres représentent seulement notre
manière de sentir. Distinction illégitime, puisque
toutes les sensations ont la même condition
physiologique, l'excitation d'un nerf sensitif, et
résultent des propriétés de ce nerf, quand il est
ébranlé;

3° Conséquemment, il nous est impossible de
nous faire une conception de la matière en termes
de mouvement, et d'expliquer par les modalités
du mouvement les propriétés des corps, car cette
théorie en revient à donner à certaines sensations,

du sens musculaire spécialement, une hégémonie sur les autres sensations ; on n'explique pas, on n'a pas le droit d'expliquer une sensation par une autre, et la théorie mécanique de la matière n'a que la valeur d'un symbole.

LIVRE II

DÉFINITION DE L'ESPRIT

CHÁPITRE I

La distinction entre la connaissance
et son objet.

Après avoir étudié la matière et l'avoir réduite
à des sensations, nous allons appliquer la même
méthode d'analyse à l'esprit et rechercher si
l'esprit possède quelque caractère permettant de
le distinguer de la matière.

Avant d'aller plus loin, dissipons une équivoque.
Toute la première partie de ce livre vient d'être
consacrée à l'étude de ce qui nous est connu dans
et par la sensation ; et nous avons pris sur nous,
sans alléguer aucune espèce de raison justifica-

5.

tive, d'appeler ce qui nous est connu par cette voie
de la matière, perdant ainsi de vue que la matière
n'existe que par distinction et opposition avec
l'esprit, et que si l'esprit n'existait pas, la matière
n'existerait pas davantage ; nous avons donc semblé
préjuger la question à résoudre.

Il faut maintenant considérer toute cette terminologie comme n'ayant qu'une valeur conventionnelle et en faire abstraction. Voici en quels termes
précis la question se présente à nous : une partie
du connaissable consiste en sensations. Il faut,
sans se préoccuper d'appeler cet ensemble de sensations *la matière*, plutôt que *l'esprit*, faire une
analyse des phénomènes connus sous le nom de
l'esprit et voir s'ils diffèrent des précédents.

Faisons donc l'inventaire de l'esprit.

En procédant par énumération, on trouve à
citer, comme phénomène psychologique, les sensations, les perceptions, les idées, les souvenirs,
les raisonnements, les émotions, les désirs, les
imaginations, les actes d'attention et de volonté.
Voilà ce que paraissent être, pour une première
vue d'ensemble, les éléments de l'esprit. Mais à la
réflexion, on s'aperçoit que ces éléments appartiennent à deux catégories distinctes, dont il est
facile de reconnaître la dualité, bien qu'en fait,
dans la réalité, ces deux éléments soient constamment réunis.

Le premier de ces éléments peut recevoir le nom générique d'objets de connaissance, objets connus; et le second recevra celui d'actes de connaissance.

Voici quelques exemples de faits concrets, qu'il suffit d'analyser rapidement pour en saisir la double nature.

Dans une sensation qu'on éprouve, il y a deux choses : un état particulier, ou un objet qu'on connaît, et l'acte de le connaître, de le sentir, d'en prendre conscience ; en d'autres termes, toute sensation comprend une impression et une connaissance. Dans un souvenir, il y a, semblablement, une certaine image du passé et le fait qui consiste à prendre connaissance de cette image. C'est, en d'autres termes, la distinction entre l'intelligence et son objet; de même, tout raisonnement a un objet, il faut une matière sur laquelle on raisonne, que cette matière soit fournie par des faits ou des idées. De même encore, un désir, une volition, un acte de réflexion ont besoin d'un point d'application: on ne veut pas en l'air, on veut quelque chose; on ne réfléchit pas dans le vide, on réfléchit sur un fait, sur une difficulté quelconque.

Nous pouvons donc, provisoirement, distinguer dans un inventaire de l'esprit un quelque chose qui est perçu, qui est compris, qui est désiré ou voulu, et, en outre, le fait de percevoir, de comprendre, de désirer et de vouloir.

Pour illustrer cette distinction par un exemple, nous dirons qu'on peut introduire une séparation analogue dans un acte de vision, en montrant que l'acte de vision, opération concrète, comprend deux éléments distincts : l'objet vu et l'œil qui voit. Mais ce n'est là, bien entendu, qu'une comparaison grossière, dont nous saisirons bientôt les imperfections, lorsque nous serons plus avancés dans l'étude de la question.

Cette activité qui existe et se manifeste dans le fait de sentir, de percevoir, etc., nous pouvons lui donner un nom afin de l'identifier et de la reconnaitre : nous l'appellerons la conscience[1], et nous appellerons objet tout ce qui n'est pas l'acte de conscience.

Après cette distinction préliminaire, à laquelle nous reviendrons bien souvent, nous allons parcourir les principales manifestations de l'esprit et

---

1. Le mot conscience est un de ceux qui ont été pris dans le plus grand nombre de sens différents. Qu'il soit au moins entendu que nous le prenons ici dans un sens intellectuel et non moral. Nous n'attachons pas à la conscience l'idée d'une approbation ou d'une désapprobation morale, d'un devoir, d'un remords. Le meilleur exemple pour illustrer la conscience a été peut-être trouvé par LADD; c'est le contraste entre quelqu'un qui est éveillé et quelqu'un qui dort d'un sommeil sans rêve ; le premier a conscience d'une foule de choses, le second n'a conscience de rien. Ajoutons maintenant que nous distinguons de la conscience cette foule de choses dont on a conscience, nous faisons de cela l'objet de la conscience.

nous étudierons d'abord les objets de connaissance, réservant à un autre chapitre l'étude des actes de connaissance, c'est-à-dire de la conscience.

Nous examinerons successivement la sensation, l'idée, l'émotion et la volonté.

On a souvent soutenu que le propre de l'esprit est de percevoir des sensations. On a dit aussi que la pensée, c'est-à-dire la propriété de se représenter ce qui n'existe souvent pas, distingue l'esprit de la matière. Enfin, on n'a pas manqué d'affirmer que ce que l'esprit apporte de nouveau dans le monde matériel, c'est sa puissance d'émotion, et les moralistes choisissant avec quelque arbitraire parmi certaines émotions, ont dit que l'esprit est créateur de la bonté.

Nous allons chercher à analyser ces différentes affirmations.

CHAPITRE II

La Définition de la Sensation.

Quand nous avons fait l'analyse de la matière, nous avons admis implicitement deux propositions : d'abord, que la sensation est le *tertium quid* qui se trouve interposé entre l'excitant de nos nerfs sensitifs et nous ; en second lieu, que l'ensemble de nos sensations est tout ce que nous pouvons connaître du monde extérieur, de sorte qu'on a eu le droit de définir celui-ci : la collection de nos sensations actuelles, passées et possibles. On ne prétend pas que le monde extérieur n'est que cela, mais on prétend, et à juste raison, que le monde extérieur n'est que cela *pour nous*.

Il serait possible de faire sortir des considérations précédentes une définition claire de la sensation, et surtout il serait possible de décider dès maintenant, d'après ce qui précède, si la sensation est un phénomène physique ou un phénomène mental, si elle appartient à la matière ou à l'esprit; c'est là le problème important, celui que nous posons ici, et que nous allons chercher à résoudre. Pour plus de clarté, nous allons l'aborder à nouveau, comme s'il était neuf, et comme si les faits analysés jusqu'ici n'en préjugeaient pas déjà la solution.

Commençons d'abord par faire une définition de la sensation au point de vue de la psychologie expérimentale.

La sensation est le phénomène qui se produit et qu'on éprouve, lorsqu'un excitant vient d'agir sur un de nos organes des sens. Ce phénomène se compose donc de deux parties : une action exercée du dehors, par un corps quelconque, sur notre substance nerveuse; et ensuite, le fait de sentir cette action.

Ce fait de sentir, cet état de conscience est nécessaire pour constituer la sensation ; quand il n'existe pas, il est préférable de donner au phénomène un autre nom, sans cela on commet la faute de mélanger des faits disparates. Les physiologistes ont ici quelques torts de terminologie à se reprocher; ils ont employé le mot de sensibilité avec trop peu d'esprit critique ; la sensibilité étant la capacité de sensation, suppose, comme la sensation elle-même, de la conscience. On a donc eu tort, en

physiologie, de parler de la sensibilité des tissus
et d'organes, qui, tels que les tissus végétaux ou
les organes animaux de la vie végétative, ne sentent
rien, à proprement parler, mais réagissent par des
mouvements rapides ou lents aux excitations qu'on
leur fait subir; la réaction, par un mouvement
ou par une modification quelconque à une excitation, ne constitue point une sensation, s'il ne s'y
joint pas de conscience, et, par conséquent, il
serait plus sage de donner à ces excitations et réac-
tions non senties le nom d'excitabilité.

Les exemples les plus clairs de sensation sont
fournis par l'étude de l'homme et sont empruntés
au cas où nous percevons un objet extérieur.
L'objet produit une action sur nous, et cette action
est sentie; seulement, dans des cas pareils, le fait
de la sensation ne comprend qu'une toute petite
partie de l'événement. Il correspond seulement,
par définition, à l'action actuelle de l'objet. Des
analyses multiples ont montré que nous percevons
constamment bien au delà de cette action actuelle
des objets. Notre esprit, comme on dit, déborde
nos sens. A nos sensations viennent se coller des
images qui résultent de sensations qui ont été
antérieurement éprouvées dans des circonstances
analogues; ces images nous font illusion, nous les
prenons pour des sensations, de sorte que nous
croyons percevoir ce qui n'est que souvenir ou

idée; c'est que notre esprit ne peut pas rester inactif en présence d'une sensation; il travaille sans cesse à l'éclairer, à l'approfondir, à en pénétrer le sens, et par conséquent il l'altère en l'enrichissant. Cet enrichissement est si constant, si inévitable que l'existence d'une sensation isolée, qu'on percevrait sans lui accoler d'images, sans la modifier, sans l'interpréter est à peu près irréalisable dans une conscience d'adulte. C'est un mythe.

Imaginons cependant que cet isolement soit possible, et que nous tenons devant nous une sensation pure de tout autre élément. Qu'est-ce que cette sensation? Appartient-elle au domaine des choses physiques, ou au domaine des choses morales? Est-ce un état de la matière, ou est-ce un état de l'esprit?

Je ne puis douter, ni mettre en discussion, que la sensation soit en partie un phénomène psychologique puisque j'ai admis, par la définition même que j'en ai donnée, que la sensation implique de la conscience. Il faut donc donner raison à ceux qui la définissent *un état de conscience;* mais serait plus juste de l'appeler *la conscience d'un état;* et c'est à propos de la nature de cet état que se pose la question. C'est seulement de cet état que nous allons nous occuper maintenant. Il est entendu que la sensation contient à la fois une

6

impression et une connaissance ; laissons de côté
pour le moment, remettons à plus tard l'étude de
l'acte de connaissance, et ne conservons que l'impression. Eh bien, cette impression est-elle de
nature physique ou de nature mentale ?

Les deux opinions opposées ont été soutenues,
ce qui n'a rien de bien étonnant, car en métaphysique on trouve des expressions de toutes les opinions possibles ; mais la grande, l'immense
majorité des philosophes s'est prononcée pour la
nature psychologique de l'impression. Sans même
faire la distinction susdite entre l'impression et
l'acte de connaissance, on a admis que la sensation
tout entière, prise en bloc, est un phénomène
psychologique, une modification de notre conscience, un état particulier de notre âme. Descartes
a même employé cette formule très explicite :
« Les objets que nous percevons sont dans notre
entendement ». Il est curieux de voir combien les
auteurs se donnent peu de mal pour démontrer
cette opinion ; ils la déclarent évidente, ce qui est
commode pour éviter toute preuve. Stuart Mill ne
met aucune hésitation à affirmer que « l'esprit, en
percevant les objets extérieurs, ne peut prendre
connaissance que de ses propres états ». Et Renouvier, plus obscurément, exprime la même affirmation arbitraire, quand il écrit : « La monade est
constituée par cette relation : le rapport du sujet

à l'objet dans le sujet[1] ». En d'autres termes, on pose en principe inattaquable que « le mental ne peut entrer en relation directe qu'avec le mental ». C'est là ce qu'on peut appeler « le principe de l'idéalisme ».

Ce principe nous paraît fort contestable ; et c'est pour nous un étonnement que les sceptiques les plus résolus, Hume, par exemple, l'aient accepté sans hésiter.

Nous exposerons d'abord notre opinion personnelle, puis nous ferons connaître une seconde opinion, qui ne diffère de la nôtre que par une différence de mots ; enfin, nous discuterons une troisième opinion, qui, celle-là, nous paraît radicalement fausse.

Notre opinion personnelle, c'est que la sensation est de nature mixte : psychique, en tant qu'elle implique un acte de conscience, et physique pour le reste ; l'impression sur laquelle s'exerce l'acte de connaissance, cette impression qui est directement produite par l'excitant du système nerveux, nous paraît être, à n'en pas douter, de nature entièrement physique.

Cette opinion, que nous faisons nôtre, n'a été soutenue que par de bien rares philosophes, Thomas Reid peut-être et William Hamilton à coup

1. CH. RENOUVIER et L. PRAT, *La Nouvelle Monadologie*, p. 148.

sûr; mais aucun des deux n'en a vu les conséquences profondes.

Quels sont les arguments sur lesquels pous nous
appuyons? Ils sont de divers ordres; il y a des
arguments de fait et des arguments de logique.

Nous invoquerons tout d'abord la conviction
naturelle à ceux qui ne se sont jamais aventurés
dans la métaphysique.

Tant qu'on ne s'est pas efforcé de leur démontrer le contraire, ils croient, d'une croyance naturelle et naïve, que la matière c'est ce qu'on voit,
ce qu'on touche, ce qu'on sent, et que par conséquent la matière et nos sensations se confondent.
On les étonnerait bien si on leur apprenait que
lorsque nous croyons percevoir le monde extérieur,
nous ne percevons que nos idées, que lorsque
nous prenons un train pour aller à Lyon, nous
montons dans un état de conscience pour atteindre
un autre état de conscience.

Or, ceux qui tiennent pour l'opinion naturelle et
naïve ont, comme on dit en droit, la possession
d'état; ils sont non pas demandeurs, mais défen-
deurs; ce n'est pas à eux de faire la preuve qu'ils
sont dans le vrai; c'est contre eux qu'il faut faire
la preuve qu'ils sont dans leur tort. Jusqu'à ce que
cette preuve soit fournie, ils ont une présomption
en leur faveur.

Est-ce que nous nous servons là de l'argument

du sens commun, dont l'ancienne philosophie avait
fait un abus si évident?

Oui et non. Oui, car nous adoptons ici l'opinion
générale; non, car nous ne l'adoptons que jusqu'à
preuve du contraire.

Mais cette preuve du contraire, qui pourrait
l'administrer? Si on examine de près la question,
on s'aperçoit que la sensation, entendue en tant
qu'objet de connaissance, se confond avec les
propriétés de la nature physique; elle s'y identifie
à la fois par son mode d'apparition et par son
contenu. Par son mode d'apparition, la sensation
se pose comme indépendante de nous, car elle
est à chaque instant une révélation inattendue,
une source de connaissances nouvelles, et elle
offre un développement qui se fait sans notre
volonté et malgré elle; ses lois de coexistence
et de succession expriment pour nous l'ordre et
la marche de l'univers matériel. En outre, par
son contenu, la sensation se confond avec la matière. Lorsqu'un philosophe cherche à se représenter les propriétés d'un objet matériel, d'un
cerveau par exemple, pour les opposer aux propriétés d'une activité psychique, ce sont les propriétés de la sensation qu'il décrit comme matérielles; et, en effet, c'est par la sensation, et la
sensation seule, que nous connaissons ces propriétés. La sensation en est si peu distincte que

6.

l'on commet une erreur quand on la considère
comme un moyen, un procédé, un instrument pour
connaître la matière. Tout ce que nous connaissons de matériel n'est point connu dans ou par la
sensation, mais constitue la sensation même ; ce
n'est pas par le secours de la sensation que nous
connaissons la couleur ; la couleur est une sensation ; et la même remarque peut être faite pour la
forme, l'étendue, la résistance et toute la série des
propriétés de la matière ; ce ne sont là que nos
sensations habillées en corps extérieurs. Il est donc
absolument légitime de considérer une partie de
nos sensations, la partie objet, comme de nature
physique. C'est l'opinion à laquelle nous nous ral-
lions.

Arrivons à la seconde opinion, que nous avons
annoncée ; elle est bien différente de la première,
en apparence du moins. On convient qu'on appellera phénomène psychologique la sensation entière,
prise en bloc et non analysée ; dans ce cas, l'acte
de conscience inclus dans la sensation continue
à représenter un élément psychique ; on admet,
en outre, que l'objet sur lequel cet acte s'exerce
est psychique ; et on suppose enfin que cet objet
ou cette impression sont provoqués en nous par
une réalité physique qui est située en dessous,
que nous ne percevons pas, et qui demeure inconnaissable.

Cette opinion n'a rien d'absurde en soi; mais examinons-en les conséquences; si nous admettons cette thèse que les sensations sont des manifestations de l'esprit, qui, quoique provoquées par des causes matérielles, sont de nature uniquement mentale, nous voilà forcés à cette conclusion que nous ne connaissons aucune propriété des corps matériels, puisque nous n'entrons point en relation avec ces corps. L'objet que nous saisissons dans la perception est, d'après cette hypothèse, uniquement mental. Pour tirer de là quelque notion sur des objets matériels, il faudrait supposer que, par quelque action mystérieuse, le mental qu'on connaît ressemble au physique qu'on ne connaît pas, qu'il en garde le reflet ou même qu'il en laisse passer la couleur et la forme, comme une pellicule transparente qui serait appliquée sur le contour des corps. Ce sont là des hypothèses bien bizarres dans leur réalisme; à moins de les accueillir, comment comprendre que nous puissions connaître quoi que ce soit de la nature physique? Il faudra se résigner à avouer, à l'exemple de plusieurs philosophes, que la perception du physique est une illusion.

En revanche, ce que ce système ôte à la matière, il l'attribue à l'esprit, ce qui produit un véritable bouleversement dans nos conceptions

familières. Les qualités de sensation qu'on dé-
tache de la matière vont, en s'appliquant à
l'esprit, dénaturer sa physionomie; il y a des sensations d'étendue, de poids, d'espace, de forme; si
on fait de ces sensations des événements psychiques, il faudra accorder à ces événements, à
ces manifestations de l'esprit, les propriétés de
l'étendue, du poids, de la forme; on devra dire
que l'esprit est une chose résistante et qu'il a une
couleur.

Cette bizarrerie de langage n'est pas bien grave,
dira-t-on. Soit. Passons par là-dessus. Mais que
reste-t-il alors du dualisme esprit et matière? Il
est singulièrement compromis. On peut continuer
à supposer que la matière existe, et même que
c'est elle qui provoque dans notre esprit ces évènements que nous appelons nos sensations; mais
nous ne pouvons pas savoir si par sa nature, son
essence, cette matière diffère de celle de l'esprit,
puisque nous ignorons toutes ses propriétés;
notre ignorance sur ce point sera si complète que
nous ne pourrons même pas savoir si tel état, que
nous appelons mental, n'est pas physique. La
distinction du physique et du mental aura perdu
sa raison d'être, puisqu'il faut l'existence du physique pour donner un sens à l'existence du mental. On aboutit bon gré mal gré à un monisme
expérimental, qui n'est ni psychique ni physique;

e panpsychisme et le panmatérialisme ont le même sens[1].

Mais ce monisme ne peut être que transitoire, car il est plus dans les mots que dans le fond des choses; il résulte de la terminologie qu'on a adoptée, de la résolution qu'on a prise d'appeler mentaux tous les phénomènes qu'il est possible de connaître. Fort heureusement, nos spéculations ne sont point à la merci d'aussi minces détails que les détails du langage. De quelques noms qu'on appelle ceci ou cela, il n'en restera pas moins vrai que la nature continuera à nous présenter une opposition entre des phénomènes qui sont des cailloux, des morceaux de fer, des mottes de terre, des cerveaux, — et d'autres phénomènes qu'on appelle des états de conscience. Quelle que soit la valeur de ce dualisme, il faudra le discuter même dans l'hypothèse du panpsychisme[2]. Quant à nous, nous continuerons aussi à faire une distinction entre ce que nous avons appelé les objets de connaissance et les actes de connaissance, parce que cette distinction est la plus générale qu'on puisse tracer dans l'immense domaine de nos

1. Un auteur américain, Morton-Prince, le remarquait récemment. *Philosophical Review*, juillet 1904, p. 450.

2. C'est ce que Flournoy a montré récemment avec beaucoup d'esprit. Voir dans *Arch. de psychol.*, nov. 1904, son article sur le Panpsychisme.

connaissances; il n'y en a pas une autre qui réussisse, aussi bien qu'elle, à couper ce domaine en
deux; de plus, cette distinction résulte directement
de l'observation, et elle ne dépend point, pour sa
validité, de la nature physique ou mentale des
objets. Il y a donc là une dualité, et cette dualité,
quand même elle ne porterait pas les noms de
physique et de moral, en jouerait nécessairement
le rôle, puisqu'elle correspond à la même distinction de fait.

En fin de compte, il n'y aura rien de changé, et
cette seconde opinion doit graduellement se confondre avec celle que nous avons émise d'abord et
prise à notre compte. Nous pouvons donc en faire
abstraction.

Nous avons annoncé une troisième opinion et
nous avons dit que cette troisième opinion nous
paraît radicalement fausse. Elle se présente sous
les mêmes dehors que la précédente; à y regarder
superficiellement, elle paraît même se confondre
avec la précédente, mais en réalité elle est de nature
toute autre. Elle admet que la sensation est un phénomène entièrement psychologique; puis, cette
thèse posée, elle entreprend de la démontrer en établissant que la sensation diffère du fait physique, ce
qui revient à supposer que nous pouvons connaître
autre chose que des sensations, et que les faits physiques nous sont connus directement et par une

autre voie. C'est là que réside la contradiction.
Elle est si apparente qu'on se demande comment
tant d'excellents esprits ne l'ont pas aperçue. Il
suffira pour la dissiper de rappeler que nous ne
connaissons pas autre chose que des sensations; il
est donc impossible de faire une distinction entre
la nature physique et l'objet de connaissance
contenu dans toute sensation. La ligne frontière
du physique et du moral ne peut pas passer par
là, puisqu'elle séparerait des faits identiques.

On ne peut donc que déplorer l'erreur de tous
ceux qui, pour exprimer la différence existant
entre l'esprit et la matière, ont cherché un contraste entre la sensation et les faits physiques. Les
physiologistes ont presque tous sans exception
versé dans cette erreur, lorsque, contemplant, en
imagination, le fonctionnement matériel du cerveau, ils ont cru qu'entre le mouvement de la
matière cérébrale et la sensation, il y a un abîme.
La comparaison, pour être correcte, aurait eu
besoin d'être présentée de toute autre manière. Il
aurait fallu faire le parallèle par exemple entre un
certain mouvement cérébral et l'acte de conscience, et dire : le mouvement cérébral, voilà le
phénomène physique; l'acte de conscience, voilà
le phénomène psychique. Mais cette distinction
n'a point été faite. C'est la sensation en bloc qu'on
compare au mouvement cérébral, comme en font

foi quelques passages que je vais citer à titre de
curiosité, et qui sont empruntés non seulement à
des philosophes, mais surtout à des physiologistes.

Tandis que les philosophes prennent pour principe de l'idéalisme que le mental ne peut connaître que du mental, les physiologistes prennent
pour principe de l'idéalisme l'hétérogénéité exis-
tante, ou censée exister, entre l'impression nerveuse et la sensation. « Nous aurons beau suivre
l'excitation le long du nerf, écrit Lotze[1], la faire
changer mille fois de forme et se métamorphoser
en mouvements de plus en plus subtils et délicats, jamais nous n'arriverons à montrer qu'un
mouvement ainsi produit doive, en vertu de sa
nature même, cesser d'exister en tant que mouvement, et renaître sous forme de *sensation...* » On
le voit, c'est sur l'opposition entre le mouvement
moléculaire et la sensation que Lotze insiste.
Pareillement, Ferrier : « Mais comment se fait-il
que des modifications moléculaires dans les cellules cérébrales coïncident avec des modifications
de la conscience; comment, par exemple, les
vibrations lumineuses tombant sur la rétine exci-
tent-elles la modification de conscience nommée
sensation visuelle? Ce sont là des problèmes que

1. Cette citation, comme les deux qui suivent, est empruntée
à une belle leçon de FLOURNOY, sur *Métaphysique et Psychologie*,
une broch. in-8°, Genève, Georg.

nous ne saurions résoudre. Nous pouvons réussir
à déterminer la nature exacte des changements
moléculaires qui se produisent dans les cellules
cérébrales lorsqu'une sensation est éprouvée, mais
ceci ne nous approchera pas d'un pouce de
l'explication de la nature fondamentale de ce qui
est la sensation. ». Enfin Du Bois-Reymond, dans
son fameux discours de 1880 sur les sept énigmes
du monde, dit à peu près ceci : « La connaissance
astronomique de l'encéphale, c'est-à-dire la plus
intime à laquelle nous puissions aspirer, ne nous
y révèle que de la matière en mouvement. Mais
aucun arrangement ni aucun mouvement de parties matérielles ne peut servir de pont pour passer
dans le domaine de l'intelligence... Quel rapport
imaginable y a-t-il entre certains mouvements de
certaines molécules dans mon cerveau d'une part,
et d'autre part les faits primitifs, indéfinissables,
indéniables que voici : J'ai la sensation du doux,
je sens l'odeur de rose, j'entends un son d'orgue,
je vois du rouge, etc... »

Ces trois citations montrent très bien que les
auteurs ont cru établir l'hétérogénéité des deux
phénomènes en opposant à la matière la sensation. Il faut reconnaître qu'ils ont commis une
erreur singulière, car la matière, quelle qu'elle
soit, n'est autre chose pour nous que de la sensation ; la matière en mouvement, nous l'avons sou-

vent dit, n'est qu'un genre tout spécial de sensation; la matière organique du cerveau, avec ses
tourbillonnements d'atomes, n'est que de la sensation. Par conséquent, opposer les changements
moléculaires du cerveau à la sensation de rouge,
de bleu, de vert, ou à une sensation quelconque
non définie, ce n'est pas franchir un abîme, rapprocher des incomparables, c'est tout simplement
comparer une sensation à une autre sensation.

Il y a évidemment dans tout cela une équivoque.

Cette équivoque, nous l'avons déjà signalée
lorsque nous avons esquissé et discuté les théories
de la matière. Elle consiste à prendre dans l'ensemble des sensations certaines d'entre elles,
qu'on considère à part et qu'on revêt du privilège
d'être plus·importantes que les autres, d'être les
causes des autres. C'est à peu près aussi illégitime que de choisir parmi les hommes quelques
individus peu nombreux auxquels on attribue le
privilège de commander aux autres par droit
divin. Ces sensations privilégiées, qui appartiennent à la vue, au toucher et au sens musculaire et contiennent de l'étendue, sont exten-
sives, on les a indument considérées comme
objectives, comme représentant la matière, parce
qu'elles sont mieux connues, mesurables, tandis
que les autres sensations, les sensations inexten-

sives des autres sens, sont considérées comme subjectives parce qu'elles sont moins bien connues, sont moins mesurables, et on les rapporte à notre sensibilité, à notre moi, on s'en sert pour former le monde moral.

Nous ne pouvons souscrire à cette manière d'établir le contraste entre la matière et la pensée, puisque c'est tout simplement un contraste entre deux catégories de sensations, et que nous avons affirmé déjà que la répartition des sensations en deux groupes ayant des valeurs objectives différentes est arbitraire.

CHAPITRE III

Définition de l'Image.

Poursuivons l'inventaire. Après les sensations, voici les images, les idées, les concepts ; c'est tout un ensemble de phénomènes qui d'ordinaire sont considérés comme essentiellement psychologiques.

Tant qu'on n'a pas analysé avec soin la valeur des idées, on reste sur l'impression que les idées forment un domaine à part, qui se distingue profondément du monde physique, et se pose en face comme une antithèse.

La conception n'est-elle pas le contraire de la perception, l'idéal n'est-il pas en opposition avec la réalité?

Les pensées ont des caractères de fantaisie, de liberté, d'irréalité même qui manquent au prosaïsme des lourdes choses matérielles. Les pensées se jouent des relations du temps et de l'espace;

elles volent en un instant entre les objets les plus
éloignés, elles remontent le cours du temps, peuvent rapprocher des événements séparés par des
siècles, elles conçoivent des objets qui ne sont
point réels, elles imaginent des combinaisons qui
sont le renversement des lois physiques, et, de
plus, ces conceptions restent invisibles pour d'autres que pour nous; elles sont en dehors des
prises de la réalité, et constituent un monde qui
devient, pour un esprit tant soit peu imaginatif,
aussi grand, aussi important que le monde dit réel.
On peut en prendre à témoin les poètes, les
romanciers, les artistes, tous les rêveurs. Lorsque
la vie devient trop dure, c'est dans le monde
idéal qu'on se réfugie, pour lui demander l'oubli
ou une revanche.

Il est donc facile de comprendre que l'on ait
proposé de faire passer par l'idéation la coupure
du physique et du moral. Beaucoup d'excellents
auteurs ont fait commencer par l'idée le domaine
de l'esprit. La matière, c'est ce qui ne pense pas.
Descartes, dans son *Discours de la Méthode* (quatrième partie), remarquant qu'il peut feindre « qu'il
n'a aucun corps et qu'il n'y a aucun monde ni
aucun lieu où il soit, mais qu'il ne peut pas feindre qu'il ne pense pas », en conclut que son esprit
est « une substance dont toute l'essence ou la
nature n'est que de penser, et qui, pour être, n'a

7.

besoin d'aucun lieu, ni ne dépend d'aucune chose
matérielle »; bref, que « l'âme est entièrement distincte du corps » [1].

Examinons donc dans quelle mesure il est légitime d'établir cette séparation entre la perception
et l'idéation.

Si on accepte cette séparation, il faudra abandonner la distinction que nous avons proposée
entre les actes et les objets de connaissance, ou
du moins admettre que cette distinction ne correspond pas à celle du physique et du moral, car les
pensées, les images, les souvenirs, et jusqu'aux
conceptions les plus abstraites, tout cela constitue
en un certain sens des objets de connaissance :
ce sont des phénomènes qui, lorsqu'on les analyse,
apparaissent clairement comme composés de deux

---

1. Disons en passant que cette séparation que Descartes
croit pouvoir établir entre la perception et l'idéation n'est
concevable qu'à la condition de ne pas l'examiner de près,
et de ne pas donner une définition précise de ce qu'est l'idéation. Si on remarque, en effet, que toute pensée est une repro-
duction, à quelque degré, d'une sensation, on arrive à cette
conclusion que la pensée exercée par une âme distincte du
corps serait une pensée complètement vide et sans objet, ce
serait la pensée du néant; elle n'est donc pas concevable; par
conséquent, le critérium, déjà si dangereux, que Descartes
emploie constamment — à savoir que ce qu'on conçoit clairement est vrai — ne s'applique pas à la pensée, si on prend la
peine de l'analyser, et de remplacer par l'intuition une conception purement verbale.

parties, un objet et une connaissance. Leur composition logique est bien celle d'une perception
extérieure, et il y a dans l'idéation tout juste la
même dualité que dans la sensation.

Par conséquent, si on maintient la distinction
susdite, comme principe de classement pour tous
les phénomènes connaissables, on est obligé d'as-
signer la même position aux idées qu'aux sensations.

La principale différence qu'on relève entre la
sensation et l'idée est, semble-t-il, le caractère
d'irréalité de la seconde ; mais cette opposition n'a
point la portée qu'on imagine.

Notre vision mentale ne prend ce caractère tout
spécial d'irréalité que dans les conditions où elle
ne peut pas s'harmoniser avec la vision réelle.
Taine a bien décrit les phases de la réduction de
l'image par la sensation ; c'est au moment où elle
subit le choc d'une sensation qui la contredit que
l'image apparaît comme illusoire [1]. Supposons-
nous assis, rêvant, et regardant le défilé de nos
images ; si, à ce moment, un bruit soudain nous

---

1. J'ai quelque regret à écrire que Taine est tombé dans le
lieu commun de l'opposition du cerveau et de la pensée; il a
repris cette vieille idée, sans chercher à l'analyser, ne la faisant sienne que par la parure de son style. Et comme c'était
un esprit d'une systématisation puissante, l'erreur qu'il a commise l'a entraîné à des conséquences bien plus étendues que
celle d'un esprit plus vulgaire.

ramène à la réalité, toute notre fantasmagorie
mentale disparaît comme sous un coup de baguette
magique, et c'est dans et par cet évanouissement
que l'image montre sa fausseté. Elle est fausse,
parce qu'elle ne s'accorde pas avec la réalité
actuelle.

Mais, lorsque nous ne constatons pas un désac-
cord de fait entre ces deux modes de connaissance,
tous les deux nous donnent une impression de
réalité. Si j'évoque un souvenir, et que j'en repasse
attentivement le détail, j'ai l'impression que je
suis devant la réalité même : « J'y crois être
encore », dit-on ; et, parmi les souvenirs que
j'évoque, il y en a qui me donnent la même certitude que la perception du moment. Certains
témoins écriraient leur déposition avec leur sang ;
cela ne se voit pas tous les jours, mais cela se
voit.

Et, de plus, il est mille circonstances où l'idéation n'est ni en conflit avec la perception, ni isolée
de la perception, mais en continuité logique avec
elle ; cette continuité doit même être considérée
comme l'état normal. On pense dans la direction
de ce qu'on perçoit. L'image sert à préparer l'adaptation de l'individu à son milieu, elle crée la prévision, la préparation des moyens, en un mot, tout
ce qui nous constitue cause finale ; or, il est bien
nécessaire que l'image paraisse réelle pour être

utilement le substitut de la sensation passée ou à
venir.

Constatons quelque chose de plus : fonctionnant
comme substitut, l'image ne paraît pas seulement
aussi vraie que la sensation, elle paraît de nature
identique, et, la preuve, c'est qu'elles se confondent, et que des gens non prévenus prennent l'une
pour l'autre.

Chaque fois qu'on perçoit un corps, nous l'avons
expliqué plus haut, il y a des images qui se collent
à la sensation, sans qu'on s'en doute ; on croit
percevoir, alors qu'on se souvient ou qu'on s'imagine ; cette addition de l'image à la sensation n'est
pas un petit accessoire insignifiant, elle forme la
majeure partie, peut-être les neuf dixièmes, de la
perception ; de là, les illusions des sens, qui sont
le résultat non des sensations, mais des idées ; de
là, la difficulté de savoir avec précision ce qui,
dans telle circonstance, est observation ou interprétation, où finit le fait perçu, où commence
la conjecture. Lorsqu'on est au courant de toutes
ces possibilités d'erreurs, comment admettre
une séparation radicale entre la sensation et
l'image ?

Examinées de plus près, les images nous apparaissent comme classables en autant de genres que
les sensations ; aux sensations visuelles correspondent les images visuelles ; aux sensations tactiles,

des images tactiles, et ainsi de suite pour tous les
sens.

Ce que nous éprouvons sous forme de sensation,
nous pouvons l'éprouver une seconde fois sous
forme d'image, et la répétition, généralement plus
faible d'intensité et plus pauvre en détails, peut,
dans certaines circonstances favorables, acquérir
une intensité exceptionnelle, égaler la réalité :
témoin les hallucinations.

Voilà, certainement, des raisons très sérieuses
pour nous faire admettre que les images, qui sont
au fond de nos pensées et en forment l'objet, sont
la répétition, la modification, la transposition,
l'analyse ou la synthèse de sensations antérieurement éprouvées et possèdent, par conséquent,
tous les caractères d'états corporels. Je crois qu'il
n'y a ni plus ni moins de spiritualité dans l'idée
que dans la sensation. Ce qui en forme la spiritualité, c'est l'acte de connaissance qui y est impli-
qué, mais l'objet en est matériel.

Je prévois une dernière objection : quand même
l'irréalité de l'image ne serait pas de règle et n'ap-
paraîtrait que dans certaines circonstances, elle n'en
existe pas moins, nous dira-t-on. C'est un fait important. On a tiré argument de l'irréalité du rêve et de
l'hallucination, où nous donnons un corps à nos
idées, pour prouver que nous ne percevons pas
réellement les corps extérieurs, mais que nous

percevons seulement des états psychiques, des
modifications de notre âme. Si nos idées consistent
— selon l'hypothèse que nous défendons — en
impressions physiques qui sont senties, on va nous
dire que ces impressions particulières doivent par-
ticiper de la nature de tout ce qui est physique,
qu'elles sont réelles, toujours réelles, qu'elles ne
peuvent pas être irréelles, fictives, mensongères,
et que, par conséquent, le caractère fictif de l'idéation devient inexplicable.

Deux mots de réponse sont nécessaires à cette
curieuse argumentation, qui ne tend à rien moins
qu'à définir le mental par l'irréel, et à admettre
qu'une apparence ne peut pas être physique. Sans
doute, dirons-nous, toute image, si fantastique
qu'elle paraisse comme signification, est réelle en
un certain sens, puisqu'elle est la perception d'une
impression physique, mais cette nature physique
des images ne nous empêche point de faire une
distinction entre les images vraies et les images
fausses. Prenons un exemple analogue : on nous
donne à corriger un placard d'épreuves ; nous bar-
rons d'un *deleatur* certaines lettres qui sont mises
en trop ; bien qu'elles soient imprimées avec les
mêmes caractères que les autres lettres, nous pouvons dire qu'elles sont fausses. De même, dans un
air qu'on entend, une note peut être fausse, tout
en étant aussi réelle que les autres, puisqu'elle a

été jouée. Cette distinction entre la réalité et la
vérité doit s'appliquer aussi aux images mentales.
Toutes sont réelles ; mais quelques-unes sont
fausses ; elles sont fausses, quand elles ne s'accordent pas avec l'ensemble de la réalité ; elles sont
vraies, quand elles s'accordent ; et toute image est
partiellement fausse, parce que, étant image, elle
ne s'accorde pas complètement avec les perceptions actuelles, elle fait croire à une perception qui
n'a pas lieu ; en développant ces idées on montrerait facilement combien de degrés il existe dans
la fausseté.

Physiologiquement, nous pouvons très facilement
concilier la fausseté de l'image avec le caractère
physique de l'impression qui lui sert de base :
l'image résulte d'une excitation cérébrale partielle,
tandis que la sensation résulte d'une excitation qui
intéresse en outre les nerfs périphériques de la
sensibilité et correspond à un objet extérieur, un
excitant qui manque à la première. Cette différence
explique comment il se fait que l'image, tout en
résultant d'une impression physique, puisse être
dans un grand nombre de cas déclarée fausse,
c'est-à-dire être reconnue en contradiction avec
des perceptions.

Un raisonnement de métaphysique donnera plus
de satisfaction à d'autres esprits.

Pour ceux-là, nons proposerons de faire une

distinction entre deux notions : l'Existence ou la
Réalité, d'une part — et la Vérité d'autre part.

L'Existence ou la Réalité, c'est ce dont nous
avons une appréhension immédiate ; cette appréhension se fait de plusieurs manières : dans la
perception, d'abord ; je perçois la réalité de mon
corps, d'une table, du ciel, du sol, à mesure que
je les perçois ; ils sont, car s'ils n'étaient pas, je
ne pourrais pas les percevoir. Un autre moyen de
saisir la réalité, c'est la conception, la pensée ; j'ai
beau me représenter une chose imaginaire, elle
existe néanmoins d'une certaine manière, puisque
ie me la représente. Je dis donc dans ce cas qu'elle
est réelle, ou qu'elle existe. Il est bien entendu
que dans ces définitions, je vais à l'encontre de
l'usage commun des termes ; je prends ici la
liberté de faire des propositions de sens nou-
veaux. Cette réalité est donc perçue dans un cas,
conçue dans l'autre. Perceptibilité, ou concevabilité,
voilà donc les deux formes que la réalité peut
prendre. Mais *réalité* n'est point synonyme de
vérité ; malgré l'usage contraire, on peut très bien
introduire une différence entre les deux termes. La
réalité, c'est ce qui se perçoit ou se conçoit ; la
vérité, c'est ce qui s'accorde avec l'ensemble de
notre savoir. La réalité est une fonction des sens
ou de l'idéation ; la vérité est une fonction du raisonnement, de la raison.

8

Pour que la connaissance soir complète, il faut le concours de toutes ces fonctions. Et en effet, qu'est-ce que donne la conception toute seule ? Elle permet de voir si une chose est représentable — ce n'est pas un caractère banal, soit dit en passant ; car bien des choses qu'on nomme ne sont pas représentables, et il y a souvent une critique à faire : on croit se représenter, on ne se représente pas. Ce qui est représentable existe, comme représentation ; mais est-ce vrai ? Quelques philosophes l'ont imaginé, ils se trompent ; ce qu'on arrive à concevoir est seulement possible.

Prenons maintenant le Perceptible. Ce qu'on perçoit est-il vrai ? Oui, dans la plupart des cas, en fait ; mais une perception isolée peut être fausse, troublée par des illusions de toutes sortes. On a beau dire : « je vois, je touche », on ne peut être certain par les sens tout seuls, dans bien des circonstances, qu'on a saisi la vérité. Si quelqu'un me fait voir le spectre d'une personne que je sais morte, je ne croirai pas, malgré le témoignage de mes yeux, que c'est vrai, car cette apparition bouleverserait tout mon système de connaissances.

La Vérité, c'est ce qui, étant jugé concevable, étant perçu réellement, a de plus cette qualité de trouver sa place, sa relation, sa confirmation dans toute la masse des connaissances antérieurement acquises.

Ces distinctions[1], si on les développait, montreraient bien que les avantages de l'observation ne s'éclipsent pas devant ceux de la spéculation, et que ceux de la spéculation, à leur tour, ne portent pas atteinte à ceux de l'observation. Mais nous n'avons pas le temps de développer ces règles de logique ; il suffira de montrer leur relation avec la question de la réalité des images mentales. En deux mots, voici notre conclusion. Phénomènes physiques, les images sont toujours réelles, puisqu'elles sont perçues ou conçues : ce qui leur manque parfois, et ce qui les rend fausses, c'est qu'elles ne s'accordent pas avec le reste de nos connaissances[2].

1. Je viens de les retrouver dans une note ingénieuse de C.-L. Herrick : *The logical and psychological distinction between the true and the reel* (*Psych. Rev.*, mai 1904). Je suis entièrement d'accord avec cet auteur. Mais ce n'est pas lui qui a exercé une suggestion sur ma pensée, c'est M. Bergson. Voir *Matière et Mémoire*, p. 159.

2. Pour rester bref, je n'ai point voulu faire allusion dans le texte à une question de métaphysique, qui dépend étroitement de celle que nous avons agitée : l'existence du monde extérieur. Les philosophes qui définissent la sensation une modalité de notre moi se mettent dans le plus grand embarras pour démontrer ensuite l'existence du monde extérieur ; ayant d'abord admis que la perception que nous en avons est illusoire, puisque, quand nous croyons percevoir ce monde, nous avons simplement le sentiment des modalités de notre moi, ils se trouvent impuissants à démontrer que cette illusion correspond à une vérité, et ils invoquent en désespoir de cause, pour faire leur démonstration, l'instinct, l'hallucination ou une loi *a priori*

Voilà donc toutes les objections levées, au moins
à notre avis ; et nous pouvons maintenant considérer le monde des idées comme un monde
physique; mais c'est un monde physique d'une
nature particulière, qui n'est pas accessible à
tous, comme l'autre, et qui est soumis à des lois
propres, les lois de l'association. Par ces caractères si différents il se sépare si fortement du
monde extérieur que toute tentative pour rapprocher les deux paraît choquante; et on comprend
très bien que les esprits veuillent rester fidèles à
cette conception que les idées forment un monde
moral ou mental. Aucun raisonnement de métaphysique ne pourrait lutter contre ce sentiment,
et il faut renoncer à le détruire. Mais nous pensons avoir démontré que l'idée, comme la sensation, comprend à la fois du physique et du mental.

de l'esprit. La position que nous avons prise dans le débat
est beaucoup plus simple. Puisque toute sensation est un fragment de matière, perçue par un esprit, l'ensemble des sensations constitue donc bien l'ensemble de la matière; il n'y a là
nulle apparence trompeuse, et par conséquent aucun besoin de
prouver une réalité distincte des apparences. Quant à l'argument tiré du rêve et de l'hallucination qu'on pourrait nous
opposer, nous avons dit comment on l'écarte, par une distinction entre la perceptibilité et la vérité. Ce n'est plus une
affaire de perception, mais de raisonnement. En d'autres termes,
tout ce que nous percevons, même en rêve, est réel, mais
n'est pas à sa place.

CHAPITRE IV

Définition des émotions.

———

Après les sensations et les images, nous avons à citer, parmi les phénomènes de conscience, toute la série des états affectifs, nos plaisirs, et nos douleurs, nos joies et nos tristesses, nos sentiments, nos émotions, nos passions. On admet universellement que ces états sont de nature mentale, pour plusieurs raisons : 1° Nous ne les objectivons jamais comme nous faisons pour nos sensations, nous les considérons constamment comme des états internes ou subjectifs; cependant cette règle souffre une exception pour le plaisir et la douleur dits physiques, qui sont souvent localisés dans une partie déterminée de notre corps, quoique la position qui leur est attribuée soit moins précisée que pour les sensations indifférentes; 2° nous ne les aliénons pas, comme nous faisons pour nos sensations indifférentes ; les sensations de poids, de

couleur et de forme nous servent à construire des
corps qui nous apparaissent comme perçus par
nous, mais étant autres que nous; au contraire,
nous rapportons constamment et sans hésitation
nos états émotionnels à notre moi. C'est moi qui
souffre, disons-nous, moi qui me plains, moi qui
espère. Il est vrai que cette attribution n'est pas
absolument caractéristique des phénomènes mentaux, car il nous arrive de mettre une partie de
notre moi dans des objets matériels, comme notre
corps, et même dans des objets séparés de notre
corps, et dont la seule relation avec nous est celle
d'une propriété juridique. Il faut se garder contre
cette erreur assez fréquente d'identifier le moi et
le psychique.

Ces deux raisons expliquent suffisamment la tendance qu'on a à ne voir dans les états émotionnels
que des états psychologiques; et, en fait, les
auteurs qui ont cherché à opposer l'esprit à la
matière, n'ont pas manqué d'introduire dans leur
parallèle l'émotion comme représentant l'essence
de l'esprit.

Rappelons à ce propos la belle image ironique
qu'emploie Tyndall, l'illustre physicien anglais,
pour montrer l'abîme séparant la pensée et les
états moléculaires du cerveau. « Admettons, dit-il,
que le sentiment *amour*, par exemple, corresponde
à un mouvement en spirale dextre des molécules

du cerveau, et le sentiment *haine* à un mouvement en spirale senestre. Nous saurions donc que lorsque nous aimons, le mouvement se produit dans une direction, et, quand nous haïssons, il se produit dans une autre. Mais le pourquoi resterait encore sans réponse ».

La question de savoir quelle place nous devons assurer à l'émotion dans notre théorie métaphysique, nous paraît bien difficile à résoudre ; et nous avons même quelque plaisir à la laisser en suspens, pour qu'il soit bien établi qu'un métaphysicien ne s'oblige pas à tout expliquer. Du reste, les difficultés qui nous arrêtent ici sont surtout d'ordre psychologique ; elles proviennent de ce que, en fait, les études sur la nature des émotions sont encore peu avancées. On connaît assez bien les conditions physiques de ces états, et on a décrit avec abondance leurs effets psychiques et sociaux ; mais on sait très peu de chose sur ce qui distingue une émotion d'une pensée.

Deux opinions principales peuvent être soutenues, dans l'état actuel de nos connaissances sur la psychologie des sentiments. Lorsqu'on cherche à pénétrer leur nature essentielle et dernière, on a le choix entre deux théories contraires.

La première, la traditionnelle, consiste à voir dans l'émotion un phénomène *sui generis*, et cela est très simple, et il n'y a rien à dire de plus.

La seconde porte le nom de théorie intellectualiste; elle consiste à effacer la caractéristique
des états affectifs; on les considère comme des
formes dérivées, des modes particuliers de la
connaissance; ils ne seraient que « de l'intelligence
confuse ». Cette thèse intellectualiste est de date
ancienne; elle se trouve dans Herbart, qui lui a du
reste donné une forme particulière, en faisant
intervenir, dans la formation des sentiments, le
jeu des images. Peu importe du reste ce point
particulier. La théorie intellectualiste est plus
vaste que l'Herbartisme; elle existe dans toute
doctrine où l'on efface la différence caractéristique
entre la pensée et le sentiment, et où l'on ramène
le sentiment à la pensée; un des moyens les plus
clairs de l'y ramener consiste à ne voir dans le
sentiment que le fait de percevoir quelque chose.
Percevoir, c'est en effet le propre de l'intelligence;
raisonner, imaginer, juger, comprendre, c'est toujours, en un certain sens, percevoir. Eh bien, on a
imaginé que l'émotion n'ést que cela, une perception d'un certain genre, un acte intellectuel qui
serait comparable, à la rigueur, à la contemplation
d'un paysage; seulement, au lieu d'un paysage
aux lignes calmes, mettons un orage, un bouleversement de la nature; au lieu de supposer cet orage
extérieur à nous, faisons-le éclater en nous; qu'il
nous arrive non par les sens extérieurs de la vue

et de l'ouïe, mais par les sens internes; et ce que
nous percevrons, ce sera une émotion.

Telle est la théorie que deux auteurs, W. James
et Lange, se sont trouvés découvrir presque en
même temps, que Lange a décrite en physiologiste,
et W. James en philosophe. Leur théorie, à première vue, paraît singulière, comme tout ce qui
prend le contre-pied de nos habitudes mentales;
elle pose que les symptômes que tous nous con-
sidérions jusqu'ici comme la conséquence physiologique, la traduction, les effets lointains des émotions en constitueraient la base essentielle; ces
effets, c'est l'expression de la physionomie, le
geste, le cri, la parole; c'est le retentissement sur
la circulation, la pâleur ou la rougeur, la chaleur
qui monte à la tête ou le froid du frisson qui
parcourt le corps; c'est encore le cœur qui pré-
cipite ses battements, ou les ralentit, ou les irré-
gularise, ou les affaiblit, ou les augmente; c'est
la respiration qui change de rythme, qui s'am-
plifie ou qui est suspendue; ce sont les sécrétions
de la salive, de la sueur qui coulent en abondance
ou se tarissent; c'est la force musculaire qui
s'exalte ou se perd; ce sont les troubles organiques presque indéfinissables qui nous sont
révélés par le bourdonnement d'oreille, la constric-
tion épigastrique, les secousses, les tremblements,
le vertige, la nausée, tout cet ensemble d'orages

organiques qui arrive à la conscience plus ou
moins confusément sous la forme de sensations
tactiles, musculaires, thermiques, ou autres. Jusqu'ici, on avait un peu négligé cette catégorie de
phénomènes, parce qu'on y voyait des effets, des
conséquences, dont le rôle dans l'émotion même
paraissait peu considérable, puisque si on avait
pu les supprimer, on supposait que l'émotion
serait restée. La théorie nouvelle commence par
changer l'ordre des évènements ; elle met les
symptômes physiques des émotions tout au début,
elle les considère comme des effets directs de
l'excitant extérieur, ce qui s'exprime par cette
jolie formule : « Autrefois on disait : j'aperçois
un danger, j'ai peur, je tremble ; maintenant il faut
dire : je tremble devant le danger d'abord, et c'est
après avoir tremblé que j'ai peur ». Ce n'est pas
seulement un changement dans l'ordre, c'est bien
plus grave. Le changement porte sur la nature de
l'émotion ; on la considère comme consistant dans
les bouleversements organiques que nous avons
indiqués plus haut. Ces bouleversements sont la
base de l'émotion, ils en sont la base physique ;
être ému, c'est les percevoir. Supprimez de la
conscience ce retentissement physique, l'émotion
cesse, elle n'est plus qu'une idée.

Cette théorie a au moins un mérite, l'originalité.
Elle plaît aussi par sa grande clarté, une clarté

toute intellectuelle peut-on dire, car elle rend
l'émotion compréhensible en la posant en termes
de connaissance ; elle efface toute différence pouvant exister entre une perception et une émotion.
L'émotion n'est plus qu'une perception d'un certain
genre, celle des sensations organiques.

Cette réduction, si elle était admise, faciliterait
beaucoup l'introduction de l'émotion dans notre
système qui, lui aussi, puisqu'il est fondé sur la
distinction entre la conscience et l'objet, est un
système intellectualiste. La définition de l'émotion
telle qu'elle est préconisée par W. James, semble
faite exprès pour nous, qui cherchons à résoudre
tous les états intellectuels en impressions physiques
accompagnées de conscience.

A côté de l'émotion, nous pouvons placer comme
exigeant le même travail d'analyse, le sentiment
de l'effort. On doit se demander pour l'effort,
comme on l'a fait pour l'émotion, quelle est la
nature psychologique de ce phénomène. Et de
même qu'il existe une théorie intellectualiste des
émotions. celle de James, qui ramène toute l'histoire des émotions à de l'intelligence, il existe une
théorie intellectualiste de l'effort, qui tend elle aussi
à ramener toute la volonté à de l'intelligence. C'est
encore le même auteur, le vraiment génial W. James,
qui a tenté cette réduction ; j'ignore s'il s'est rendu
compte du parallélisme des deux théories ; il est

évident; l'effort, cette base de l'activité, cet état de
conscience que tant de psychologues ont décrit
comme quelque chose de *sui generis*, devient pour
James un phénomène de perception; c'est la perception de sensations qui proviennent des muscles,
des tendons, des articulations, de la peau, de tous
les organes prenant une part directe ou indirecte
à l'exécution des mouvements. Avoir la conscience
d'un effort, ce serait donc recevoir toutes ces
sensations centripètes, et rien de plus; et ce qui
le prouve, c'est que la conscience de l'effort, quand
elle se manifeste le plus clairement, s'accompagne
de quelque énergie musculaire, de quelque contraction forte, de quelque trouble respiratoire, et
cède si on rend la respiration régulière et si on
met les muscles au repos.

A notre grand regret, nous ne pouvons rien dire
de bien clair sur ces problèmes. La tentative d'intellectualiser tous les phénomènes psychiques est
infiniment intéressante, et elle aboutit à une conception assez claire, dans laquelle tout s'explique
par un mécanisme se reflétant dans un miroir,
celui de la conscience; mais on reste perplexe,
et on se demande si cette clarté de conception
n'est pas un peu artificielle, si l'affectivité, l'émo-
tivité, l'effort, la tendance, la volonté, se ramènent
bien à des perceptions, ou si ce ne sont pas plutôt
des éléments irréductibles qu'il faudrait ajouter

à la conscience ; le désir, par exemple, ne repré-
sente-t-il pas un complément de la conscience ?
Le désir et la conscience ne représentent-ils pas,
à eux deux, un quelque chose qui n'appartient pas
au domaine physique, et qui forme le monde
moral ?

C'est une question que je laisse sans réponse.

CHAPITRE V

Définition de la Conscience — La Relation sujet-objet.

Après avoir séparé de la conscience ce qu'elle n'est pas, essayons de définir ce qu'elle est. Trois chapitres seront consacrés à cette étude, celui-ci et les deux suivants.

Une théorie a été souvent soutenue à propos de la conscience; c'est qu'elle suppose une relation entre deux termes, un sujet et un objet, et qu'elle consiste précisément dans le sentiment de cette relation. Par le sujet, on entend le quelque chose qui a conscience; l'objet, c'est le quelque chose dont on a conscience. Toute pensée, nous dit-on, implique sujet et objet, le représentateur et le représenté, le *sentiens* et le *sensum*, l'un actif, l'autre passif, l'actif agissant sur le passif, le moi s'opposant au non-moi.

Cette opinion est presque légitimée par le langage usuel; lorsque nous parlons de nos états de

conscience, nous disons d'ordinaire : « J'ai conscience, c'est moi qui ai conscience » et nous attribuons à notre je, à notre moi, à notre personnalité
le rôle de sujet. Mais ce n'est point un argument
péremptoire en faveur de l'opinion susdite ; ce
n'est qu'une présomption, et quand on l'examine
de près, cette présomption paraît bien fragile.

Jusqu'ici, lorsque nous avons analysé la part de
l'esprit nous avons employé une phrase prudente :
nous avons dit que sensation implique conscience,
et non pas que sensation implique quelque chose
qui a conscience[1] ; la différence paraît subtile,
mais elle ne l'est pas, elle consiste à supprimer de
la conscience la notion de sujet ayant conscience,
et à le remplacer par l'acte même de conscience.

Notre description s'applique, croyons-nous, très
exactement aux faits.

Lorsqu'on est engagé dans une sensation, lorsqu'on perçoit, il y a là un phénomène qui consiste

1. Cette seconde manière de s'exprimer, que je trouve
inexacte, se rencontre constamment chez DESCARTES. Divers
philosophes ont admis explicitement que tout acte de connaissance implique une relation sujet-objet. C'est là une des pierres
angulaires du néo-criticisme de RENOUVIER. Il pose que toute
représentation est à double face, et que ce que nous connaissons se présente à nous, à la fois, comme représentatif et
comme représenté. Il décrit ensuite séparément les phénomènes et les lois du représentatif, et les phénomènes et lois
du représenté.

simplement à avoir conscience d'une chose. Si on
ajoute l'idée du sujet qui a conscience, on dénature
l'événement; quand il se produit, et au moment
même où il se produit, il n'est pas aussi compliqué. On le complique en y ajoutant le travail de la
réflexion. C'est la réflexion qui construit la notion
du sujet, c'est elle qui introduit ensuite cette construction dans les états de conscience; de cette
manière l'état de conscience, recevant cette notion
de sujet, acquiert un caractère de dualité qu'il ne
possédait pas primitivement. Ce sont en somme
deux actes de conscience séparés et on fait de l'un
le sujet de l'autre. « Primitivement, dit Rabier, il
n'y a ni représentatif, ni représenté, il y a des sensations, des représentations, des faits de conscience,
voilà tout. Rien de plus juste, selon nous, que
cette vue de Condillac : primitivement, la statue
inanimée est tout entière la sensation qu'elle sent;
elle est pour elle-même toute odeur et toute saveur;
elle n'est rien de plus, et cette sensation n'enferme
pour la conscience aucune dualité; elle est d'une
simplicité absolue ».

Deux arguments peuvent être cités en faveur de
cette opinion.

Le premier est un argument de logique. Nous
avons divisé toute la connaissance en deux groupes :
celui des objets de connaissance et celui des actes
de connaissance.

Qu'est-ce que le sujet de la connaissance ?
Forme-t-il un groupe nouveau ?

Nullement, il fait partie du premier groupe, du
groupe objet, car il est quelque chose à connaître.

Notre second argument est de fait. Il consiste à
rappeler ce que dans la pratique nous entendons
par le sujet de la connaissance ; ou bien nous nous
figurons métaphoriquement ce sujet comme un
organe, c'est l'œil qui voit, la main qui touche, et
nous nous représentons la relation sujet-objet sous
la forme d'une relation matérielle entre deux corps
distincts, séparés par un intervalle et entre lesquels
se produit quelque action qui les unit ; ou bien,
confondant le sujet et le moi, qui sont cependant
deux notions différentes, nous mettons le moi dans
la conscience de l'effort musculaire luttant contre
une résistance ; ou enfin, fait plus fréquent encore,
nous nous représentons le sujet en le confondant
avec notre personnalité ; c'est une partie de notre
biographie, notre nom, notre profession, notre état
social, notre corps, notre vie passée en raccourci,
notre caractère, en un mot notre personnalité
civile qui devient le sujet de la relation sujet-
objet ; nous douons artificiellement cette personnalité de la faculté d'avoir conscience ; il en résulte
que l'entité conscience, si difficile à définir et à
se représenter, profite de toute cette addition
factice et devient un personnage visible et même

9.

très gros, en chair et en os, distinct de l'objet de
la connaissance et capable de vivre d'une vie à
part.

Il n'est pas difficile de se rendre compte que toute
cette clarté dans la représentation des idées est
gagnée par une falsification des faits ; une représentation aussi sensorielle de la conscience est bien
infidèle ; car notre biographie ne représente point
ce que nous avons appelé des actes de conscience,
mais un gros morceau de notre expérience passée,
c'est-à-dire une synthèse de sensations et images
anciennes, une synthèse d'objets de conscience ; il
y a donc là une confusion complète entre les actes
de conscience et leurs objets. La formation de la
personnalité me paraît avoir surtout une importance juridique et sociale[1]. C'est un groupement
particulier des états de conscience qui est imposé
par nos relations avec d'autres individus. Mais,
métaphysiquement, le sujet ainsi compris ne se

1. Les dix lignes du texte, je les ai écrites après la lecture
d'un récent article de WILLIAM JAMES qui veut démontrer que
la conscience n'existe pas, car elle résulte simplement de la
relation ou de l'opposition qu'on établit entre une partie de
notre expérience (par exemple l'expérience actuelle, dan-
l'exemple de la perception d'un objet) et une autre partie de
notre expérience, le souvenir de notre personne. Mais l'argus
mentation de JAMES va trop loin ; il a raison de contester la relation sujet-objet, non de contester l'existence de la conscience.
(W. JAMES : *Does Conscionsness exist ?* J. of. Philos., Psych., and
Scientific Methods, sept. 1904).

distingue pas de l'objet, et il n'y a rien à ajouter à notre distinction entre l'objet et l'acte de conscience.

Ceux qui défendent l'existence du sujet font remarquer que ce sujet constitue proprement le moi, et que la distinction du sujet et de l'objet correspond à la distinction du moi et du non-moi, et fournit la séparation si longtemps cherchée entre le physique et le mental.

Il est évidemment très séduisant de faire du moi une donnée aussi primitive de la conscience ; mais cette notion du moi, opposée au non-moi, ne correspond nullement à celle du mental et du physique. La notion du moi est bien plus large, plus extensible que celle du mental ; elle est envahissante comme l'orgueil humain, elle enserre de sa griffe conquérante tout ce qui nous appartient, car nous ne faisons pas, dans la vie, une grande différence entre ce qui est nous et ce qui est à nous ; une injure à notre chien, à notre demeure, à notre œuvre, nous blesse autant qu'une injure à notre personne. Le pronom possessif exprime à la fois la possession et le possesseur. En fait, nous considérons notre corps comme étant nous.

Voilà donc bien des choses matérielles qui s'introduisent dans la catégorie du mental. Si on voulait les en expulser et réduire le domaine du moi au domaine du mental, on ne pourrait exercer ce contrôle que si on avait déjà le critérium de ce qui est essentiellement mental ; la notion du moi ne peut donc pas nous fournir ce critérium.

Une autre opinion consiste à faire du sujet une substance spirituelle, dont la conscience devient une faculté. On entend par substance une entité qui possède les deux caractères principaux suivants : l'unité et l'identité, cette dernière se ramenant à l'unité, car elle n'est autre chose que la persistance de l'unité à travers le temps. Certains philosophes ont assuré que dans l'intuition nous pouvons tous constater que nous sommes une substance spirituelle. Je suis obligé de repousser cette idée parce que je crois que l'expression : *substance spirituelle* n'a aucun sens, et n'a que la valeur sonore de cinq articulations. On a admis aussi qu'il existe une substance corporelle, cachée sous les sensations, et sur laquelle sont implantées les qualités des corps, comme les divers organes d'une fleur le sont sur le réceptacle. Nous reviendrons un peu plus loin sur cette conception d'une substance matérielle. Celle d'une substance spirituelle n'est point défendable, et le principal, le mortel argument que nous lui adressons c'est qu'on ne peut pas se la représenter, on ne peut pas la penser, on ne peut mettre sous ces mots de substance spirituelle aucune idée intelligible, car ce qui est mental se borne à « de la conscience » ;

dès qu'on cherche à dépasser le fait d'avoir conscience pour imaginer un état particulier, qui serait mental, il arrive de deux choses l'une, ou bien on ne saisit que le vide, ou bien on construit un objet matériel, persistant, auquel on reconnaît des attributs psychiques. Ce sont deux conclusions qui doivent être repoussées.

CHAPITRE VI

Définition de la Conscience. — Les Catégories de l'Entendement.

On a dit souvent que le rôle de l'intelligence consiste à unir, ou à saisir des relations. Une question importante à poser est donc celle de savoir en quoi consistent les relations, et quel est le rôle de l'esprit dans l'établissement d'une relation.

Il nous arrive de temps en temps de percevoir un objet isolé, sans le comparer à aucun autre, sans chercher s'il diffère d'un autre, ou s'il ressemble à un autre, ou s'il présente avec un autre une relation de cause à effet, de signe à chose signifiée, ou de coexistence dans le temps et dans l'espace. Ainsi, je puis voir une couleur rouge, et absorber toute ma disponibilité intellectuelle dans la perception de cette couleur, ne voyant qu'elle, ne pensant qu'à elle. Théoriquement, cela n'est pas impossible à concevoir; et pratiquement, je me demande

si ces actes de conscience isolés et solitaires ne
se produisent pas quelquefois.

Il me semble bien avoir saisi en moi des moments
d'atonie intellectuelle où, quand je suis à la campagne pendant les vacances, je regarde de la terre,
de la verdure, sans penser à rien, du moins à
rien autre qu'à ce que je vois, et sans comparer
ma sensation à rien. Je ne crois pas qu'on doive
admettre en principe, comme le font beaucoup de
philosophes, que « nous ne connaissons que des
relations ». C'est là le *principe de relativité* dont
on a mené grand bruit. Pris dans ce sens étroit,
il ne me semble avoir rien d'impérieux pour notre
pensée ; nous admettons qu'il s'applique le plus
souvent, sans nous sentir obligés d'admettre qu'il
est d'une application perpétuelle et nécessaire.

Ces réserves une fois faites, il reste à remarquer
que les objets que nous percevons se présentent
bien rarement dans un isolement parfait ; au contraire, ils sont rapprochés d'autres objets par des
relations multiples de ressemblance, de différence,
ou de liaison temporelle et spatiale ; et de plus,
ils sont comparés à des idées qui les définissent
mieux ; et ce dont nous avons conscience, ce n'est
pas d'un objet, mais de la relation existant entre
plusieurs. La relation est le nouvel état qui se produit par le fait qu'on perçoit une pluralité d'objets
et qu'on les perçoit ensemble.

Montrez-moi deux couleurs juxtaposées, je ne
verrai pas seulement deux couleurs, mais en outre
leur ressemblance de couleur ou de valeur. Montrez-moi deux lignes, je ne verrai pas seulement
la longueur de chacune d'elles, mais leur différence
de longueur. Montrez-moi deux points marqués
sur une feuille blanche, je ne verrai pas seulement
la couleur, la dimension et la forme des points,
mais leur distance. Dans nos perceptions, comme
dans nos conceptions, nous avons sans cesse affaire
à des relations ; plus nous réfléchissons, plus nous
comprenons les choses, et mieux nous saisissons
leurs relations ; la multiptication des relations
mesure l'approfondissement de la connaissance [1].

La nature de ces relations est plus difficile à
déterminer que celle des objets ; elle paraît plus
subtile. Quand deux sons retentissent en succession,
on a moins de peine à faire comprendre la nature
de ces deux sons que la nature de ce fait que l'un
est avant, l'autre après. Il a semblé que dans la
perception des objets, notre esprit est passif,
réduit à l'état de réception, fonctionnant comme
appareil d'enregistrement, surface sensible, tandis

---

1. Au risque de paraître subtil, je demanderai si bien réellement nous avons conscience d'une relation entre les objets, ou si
ce qui se passe plutôt, ce n'est que la perception d'un objet
qui est modifié dans sa nature par sa relation avec un autre
objet.

que dans la perception des relations, il prend un rôle plus important.

Deux théories principales ont été soutenues ; l'une qui met les relations dans les choses perçues, l'autre qui en fait l'œuvre de l'esprit.

Commençons par cette dernière opinion. Elle consiste à supposer que les relations sont mises dans les choses par l'esprit même. On a appelé ces relations des catégories. La question des catégories joue un grand rôle dans l'histoire de la philosophie. Trois grands philosophes, Aristote, Kant et Renouvier, en ont dressé la liste, ou, comme on dit, la table ; cette table est fort longue. Pour en donner une petite idée, citons quelques exemples : le temps, l'espace, l'être, la ressemblance, la différence, la causalité, le devenir, la finalité, etc.

En faisant des catégories le propre de l'esprit, on attribue à ces connaissances le caractère essentiel d'être antérieures à la sensation, ou, comme on dit encore, d'être *a priori* ; on enseigne que non seulement elles ne dérivent pas de l'expérience, non seulement elles ne nous sont pas enseignées par l'observation, mais encore elles sont présupposées par toute observation, car elles posent, comme on dit dans le jargon de l'école, les conditions qui rendent l'expérience possible. Elles représentent l'apport personnel de l'esprit dans la connaissance de la nature, et par conséquent les

10

admettre, c'est admettre que l'esprit n'est pas, en présence du monde, réduit à l'état passif de table rase, et que les facultés de l'esprit ne sont pas une transformation de la sensation. Seulement, ces catégories ne suppléent pas la sensation, elles n'en dispensent pas, elles ne permettent pas de la conjecturer d'avance ; ces catégories restent des formes vides tant qu'elles n'ont pas été appliquées à l'expérience ; ce sont des règles de la connaissance, et non des objets de la connaissance, des moyens de connaître et non des choses connues ; elles rendent la connaissance possible, mais à elles seules ne la constituent pas. L'expérience par les sens reste toujours une condition nécessaire de la connaissance du monde externe. On peut dire que les sens donnent la matière de la connaissance et que les catégories de l'entendement en donnent la forme ; la matière ne peut exister sans forme, et la forme ne peut exister sans la matière ; c'est l'union des deux qui produit la connaissance.

Telle est l'idée la plus simple qu'on puisse donner de la théorie kantienne des catégories, ou, si l'on préfère employer ce mot souvent usité et très discuté, telle est la théorie de l'idéalisme kantien.

Cette théorie, disons-le nettement, ne s'harmonise guère avec les idées que nous avons développées jusqu'ici. Tout d'abord, envisageons la relation qui pourrait exister entre le sujet et l'objet.

Nous avons vu que l'existence du sujet n'est guère admissible, car ce ne serait qu'un objet déguisé. La connaissance se compose en réalité d'un objet et d'un acte de conscience. Or, comment savoir si cet acte de conscience, en s'ajoutant à l'objet, le modifie, et le fait apparaître autre qu'il n'est ?

Ceci me paraît une question insoluble, et probablement même une question factice. L'idée qu'un objet peut être modifié dans sa nature ou dans son apparence nous vient par la perception des corps ; nous voyons qu'en attaquant un métal avec un acide, on modifie ce métal ; qu'en chauffant un corps, on en change la couleur, la forme ; qu'en électrisant un fil on lui donne des propriétés nouvelles ; que lorsque nous mettons des verres devant nos yeux, nous changeons l'aspect visible des objets ; que si nous avons de l'inflammation des paupières, la lumière nous paraît douloureuse, et ainsi de suite ; toutes ces expériences familières nous représentent les changements variés qu'un corps perçu peut subir ; mais remarquons bien que dans les cas de ce genre, l'altération du corps est produite par l'action d'un autre corps ; l'effet est dû à un commerce entre deux objets. Au contraire, lorsque nous faisons cette hypothèse kantienne que la conscience modifie ce qu'elle perçoit, nous attribuons à la conscience une action qui a été observée dans les objets ; nous transportons

ainsi dans un domaine ce qui appartient à un
domaine différent ; nous tombons dans cette erreur
si fréquente qui consiste à perdre de vue la nature
propre de la conscience, et à en faire un objet.

Si nous écartons cette assimilation inexacte, il
ne reste plus aucune raison pour refuser d'admettre
que nous percevons les choses telles qu'elles sont,
et que la conscience, en s'ajoutant aux objets, ne
les modifie pas.

Il n'existe donc point, à rigoureusement parler,
de phénomènes et d'apparences ; jusqu'à preuve
contraire, nous admettons que tout ce que nous
percevons est réel, nous percevons les choses toujours telles qu'elles sont ; en d'autres termes, nous
percevons toujours des noumènes [1].

1. Cette conclusion paraît en contradiction avec celle que
nous avons formulée en étudiant la constitution de la matière.
Nous avons dit que nous connaissons seulement nos sensations
et non les excitants qui les produisent. Mais ces sensations
sont de la matière ; elles sont de la matière modifiée par une
autre matière, nos centres nerveux.

Nous prenons donc ici, très nettement, le contre-pied du
principe de la *relativité*.

En d'autres termes, nous repoussons le *phénoménisme* de
Berkeley.

Lorsqu'on fait de la métaphysique, c'est un étonnement con-
tinuel qu'on éprouve en s'apercevant combien les différentes
conceptions des choses, qui ont une valeur classique, sont
indépendantes les unes des autres. En général, on oppose le
phénoménisme au substantialisme, et on admet que ceux qui
n'acceptent pas la première doctrine doivent accepter la seconde,

Après avoir examiné les relations de la conscience avec les objets, voyons ce qui concerne la
perception, par la conscience, des relations existant entre les objets.

Il s'agit de savoir si les aprioristes ont raison
d'admettre que l'établissement de ces relations est
l'œuvre de la conscience. Ce rôle de pouvoir synthétique qu'on attribue à la conscience est difficile
à concevoir, si on n'altère pas, pour les besoins de
la cause, la définition de la conscience.

D'après la définition que nous avons donnée, et
l'idée que nous en avons, la conscience nous fait

et qu'au contraire ceux qui repoussent le substantialisme doivent
être des phénoménistes. C'est ainsi qu'on sait que Berkeley a
vaincu le substantialisme corporel, et a enseigné le phénoménisme, et que Hume, plus radical que lui, est allé jusqu'à
mettre en question le substantialisme de l'esprit. A la réflexion,
il nous semble qu'après avoir repoussé le phénoménisme, nous
ne sommes nullement contraints d'accepter la substance. En
disant que nous percevons les choses telles qu'elles sont, et
non à travers un voile trompeur, nous ne nous obligeons pas à
reconnaître que nous percevons la substance des corps, c'est-
à-dire ce quelque chose qui serait caché en dessous de ses
qualités, et qui en serait distinct. La distinction entre le corps
et ses qualités est une affaire commode pour la pratique, mais
elle ne répond à aucune perception, à aucune observation. Le
corps n'est qu'un ensemble, un faisceau de qualités. Si les
qualités semblent ne pas pouvoir exister par elles-mêmes, et
avoir besoin d'un sujet, ce n'est là qu'une difficulté gramma-
ticale, qui tient simplement à ce que, appelant certaines sensations des qualités, nous supposons un sujet nécessaire. D'autre
part, la représentation qu'on se fait d'une substance matérielle

10.

connaître ce qui est, elle n'y ajoute rien. Ce n'est
pas un pouvoir générateur d'objets ; ce n'est pas
davantage un pouvoir générateur de relations.

Remarquons bien à quelle conséquence on arriverait si, admettant d'une part que notre conscience éclaire, révèle les objets, sans les créer, on
admettait d'autre part qu'elle prend sa revanche
de cette passivité en créant les relations entre
objets. On n'ose pas aller jusqu'à dire que cette
création de relations est arbitraire et ne correspond
à rien de la réalité ; que lorsque nous jugeons
deux objets voisins ou semblables, cette relation

---

et de son rôle comme support des qualités est une représentation mécanique très naïve, grâce à laquelle certaines sensations deviennent les soutiens des autres sensations, moins
importantes. Il suffirait d'insister sur le détail de cette représentation et sur son origine pour en montrer le caractère
artificiel. La notion que nous avons de la stabilité des corps, et
de la persistance de leur identité, malgré certains changements
superficiels, est la raison pour laquelle nous avons cru devoir
leur attribuer une substance, c'est-à-dire un élément invariable ; mais on arrive au même but, sans cette hypothèse inutile ;
il suffit de remarquer que l'identité de l'objet est dans l'ensemble de ses propriétés, y compris le nom qu'il porte ; si la
majorité de ses propriétés, et surtout de ses propriétés les plus
importantes pour nous, subsiste sans altération, ou si l'altération, quoique très grande, se fait insensiblement, par petits
degrés, nous jugeons que l'objet reste le même. Nous n'avons
pas besoin pour cela de lui donner une substance, une et
indestructible.

Ainsi, nous ne sommes ni pour le phénoménisme, ni pour le
substantialisme.

de contiguité et cette relation de ressemblance sont
de pures inventions de notre conscience, et que
ces objets ne sont réellement ni contigus ni semblables. Il faut donc supposer que la relation est
déjà, en quelque sorte, amorcée dans les objets ; il
faut admettre que notre intelligence n'applique
pas ses catégories au hasard, selon son caprice du
moment ; il faut admettre qu'elle est déterminée à
cette application parce qu'elle a perçu dans les
objets eux-mêmes un signe, une raison, qui sont
une invite à cette application et qui la justifient.
Il faut donc, dans cette hypothèse, que la contiguité et la ressemblance existent dans les choses
et soient perçues ; sans cela on courrait le risque
de trouver semblable ce qui est différent, et con-
tigu ce qui est sans relation aucune de temps ni
d'espace. D'où il résulte évidemment que notre
conscience ne peut pas créer le rapport de toutes
pièces ; et alors on est bien tenté d'en conclure
qu'elle a seulement la faculté de l'apercevoir
quand il existe dans les objets[1].

D'après cette conception, le rôle de la conscience
dans la perception d'un rapport, est celui d'un
témoin, comme dans la perception des objets. La
conscience ne crée pas, elle constate. La ressemblance est une propriété physique des objets,

1. J'emprunte à RABIER ce raisonnement qui m'a tout à fait
convaincu. (Voir *Psychologie,* p. 281.)

comme la couleur; la contiguïté est une propriété
physique des objets, comme la forme. Les rapports
entre les objets font partie du groupe objet, et non
du groupe conscience; et ils sont tout juste aussi
indépendants de la conscience que le sont les
objets eux-mêmes.

Contre cette conclusion, nous devons prévoir
plusieurs objections. L'une d'elles consistera vraisemblablement à souligner la différence qui existe
entre l'objet et le rapport, au point de vue dynamique. Que l'objet soit contemplé passivement par
la conscience, soit, cela se comprend, dira-t-on;
mais la relation n'est pas seulement un objet de
perception; elle est, en outre, un principe d'action,
une puissance de suggestion, un agent de changement.

On pourrait donc supposer que la conscience
trouve ici une compensation au rôle qu'on lui a
enlevé; si ce n'est pas elle qui crée la relation,
dira-t-on, c'est elle du moins qui crée son efficacité de suggestion. Beaucoup de psychologues
ont supposé qu'une relation ne devient évocatrice
que lorsqu'elle a été perçue. La perception de la
ressemblance devancerait l'action de la ressemblance. C'est par conséquent la conscience qui ras-
semble les idées, et les fait naître, en percevant
leurs relations.

Cette erreur, car c'en est une, a été longtemps

répandue; du reste, elle dure encore[1]. On n'a
cependant aucune difficulté à comprendre que la
perception d'une ressemblance entre deux termes
les suppose donnés; tant qu'un seul des termes
est présent à la conscience, cette perception n'existe
pas; elle ne peut donc pas avoir la propriété de
susciter le second terme. La suggestion est donc
distincte de la reconnaissance; c'est quand la suggestion a opéré, lorsque la ressemblance de fait a
réuni les deux termes, que la conscience, prenant
connaissance du travail accompli, constate qu'il
existe une ressemblance, et que cette ressemblance
explique la suggestion.

Seconde objection; on nous dit: les relations
entre les objets, les principales catégories doivent
être de nature mentale, parce qu'elles sont
a priori. Elles sont *a priori*, cela signifie qu'elles
sont à la fois antérieures et supérieures à l'expérience. Voyons ce que vaut l'argument.

Il semble qu'on en abuse un peu. Pour beaucoup
de catégories, on se contente de poser la nécessité
d'une idée abstraite afin d'expliquer la compréhension d'une idée concrète. Par exemple, on dit:
comment percevoir que deux sensations sont

---

1. Pilon est le psychologue qui a démontré avec le plus de
vigueur que la ressemblance agit avant d'être perçue. Je ren-
voie à ma *Psychologie du raisonnement*, où j'ai exposé en détail
ce petit problème.

successives, si on n'a pas déjà l'idée du temps ?
L'argument n'est pas très convaincant, car pour
toute espèce de perception concrète on pourrait
établir une catégorie abstraite.

On dirait de la couleur : il est impossible de la
percevoir, si on ne sait pas d'avance ce que c'est
qu'une couleur. Et ainsi de suite, pour une foule
d'autres choses.

Un argument plus sérieux consiste à dire que
les relations sont *a priori* parce qu'elles ont un
caractère d'universalité et de nécessité qui ne
s'explique point par l'expérience, celle-ci toujours contingente et particulière.

Mais il n'est point nécessaire qu'une fonction soit
mentale pour être *a priori*. L'identification de l'*a
priori* et du mental est toute gratuite. Distinguons
ici entre les deux sens de l'*a priori* : l'antériorité et
la supériorité.

Un simple mécanisme physique peut être *a priori*,
dans le sens d'antériorité. La maison est *a priori*,
par rapport aux locataires qu'elle reçoit, ce livre
est *a priori*, par rapport aux lecteurs qui le liront.
Il n'est pas difficile d'imaginer que la structure de
notre système nerveux est *a priori*, par rapport aux
excitations qui s'y propagent. Une cellule nerveuse
se forme, avec son protoplasma, son noyau, ses
nucléoles, avant d'être irritée ; ses propriétés devan-
cent son fonctionnement. S'il est possible d'ad-

mettre que, par suite d'expériences ancestrales la fonction a fait l'organe, maintenant l'organe est formé, et c'est lui qui devient antérieur à la fonction. La notion d'*a priori* n'a donc rien qui répugne à la nature physique.

Prenons maintenant l'*a priori* dans le sens de supériorité. Certains de nos jugements, nous dit-on, sont universels et nécessaires, et dépassent, par ce double caractère, le témoignage de l'expérience; c'est un fait exact, et qui mérite d'être expliqué; mais il n'est pas indispensable de l'expliquer en accordant à la conscience une source de connaissances spéciales. Les philosophes de l'école anglaise se sont déjà attaqués à ce problème, à propos de l'origine des axiomes. Le principe de leur explication est dans la vertu de ce qu'ils ont appelé « l'association inséparable ». Ils ont admis que lorsqu'une association se répète un grand nombre de fois, elle crée une habitude de penser, contre laquelle on ne peut plus lutter.

Le mécanisme même de l'association ajouterait donc une vertu spéciale à la contingence des faits ; cent répétitions de faits en relation, par exemple, donneraient lieu à une association si ferme que de nouvelles répétitions ne l'augmenteraient pas.

Je crois que cette explication est très bonne, en principe; elle a raison de mettre dans l'association quelque chose de plus que dans l'expérience. Je

proposerai seulement une petite correction de
détail : ce n'est pas l'association forgée par la répétition qui a cette vertu de donner l'idée de nécessité et d'universalité ; c'est tout simplement l'association non démentie. On a objecté, en effet, et
avec raison, contre la solution de Mill, qu'elle
exige une assez grande durée d'expérience, tandis
que les axiomes paraissent d'une vérité irrésistible
et universelle dès le premier moment où on les
conçoit. Et c'est très juste. Je préférerais poser
comme loi que toute représentation paraît vraie,
toute liaison paraît nécessaire et universelle, dès
qu'elle se forme ; c'est là son caractère de début ;
et elle le conserve tant qu'une contradiction de fait,
de raisonnement ou d'idée ne le lui fait pas perdre[1].

Ce qui semble apparaître le plus nettement au
bout de toutes ces explications, c'est le rôle qu'on
doit attribuer à la conscience. Deux théories
rivales ont été soutenues, celle de la conscience-
miroir et celle de la conscience-foyer. Il semble —
je dis simplement : il semble — que la première
s'harmonise mieux avec les faits précédents. En
effet, ce qui paraît le plus probable, c'est que la

1. Nous pensons spontanément le général et le nécessaire ;
c'est là ce qui sert de base à la suggestion, à la réclame, et ce
qui explique que les esprits peu cultivés vont toujours aux
affirmations absolues et aux généralisations hâtives.

conscience éclaire, révèle, mais n'agit pas. La théorie de la conscience-foyer s'adapte moins bien au mécanisme des associations d'idées.

On en arrive donc tout naturellement à ne voir dans l'intelligence qu'une conscience inactive; tantôt, elle saisit un objet, et c'est une perception, une idée; tantôt elle perçoit un rapport, et c'est un jugement; tantôt elle perçoit des rapports entre des rapports, et c'est un raisonnement. Mais si subtil que devienne l'objet qu'elle contemple, elle ne sort pas de son attitude contemplative, et la connaissance n'est qu'une conscience.

Une étape de plus, et on irait jusqu'à admettre que la conscience ne sert à rien, qu'elle est un luxe inutile, car si toute la vertu efficace se trouve dans les sensations. les idées, que nous considérons comme des faits matériels, la conscience qui les révèle n'y ajoute rien, n'en retranche rien, ne les modifie en rien; et tout se passerait de même, rien de ce monde ne serait changé, si par hasard un jour la lumière de la conscience venait à s'éteindre. On peut se figurer une collection d'automates formant une société humaine aussi compliquée et pas différente en apparence de celle d'êtres conscients; ces automates feraient les mêmes gestes, diraient les mêmes mots que nous, ils se disputeraient, comme nous, ils se plaindraient, ils pleureraient, ils aimeraient, comme nous; on arrive même à

11

s'imaginer qu'ils seraient capables de faire de la psychologie, comme nous. C'est la thèse de la conscience-épiphénomène, que Huxley a poussée hardiment jusqu'à sa conclusion dernière.

J'indique ici cette conclusion possible, sans la discuter. C'est une question que je préfère laisser en suspens ; il me semble qu'on ne peut faire à ce sujet que des hypothèses.

CHAPITRE VII

Définition de la conscience. — La Séparabilité de la conscience et de son objet. — Discussion de l'idéalisme.

———

Une dernière question se pose à propos de la conscience. Dans quelle. mesure est-elle séparable de l'objet? La conscience et son objet forment-ils deux, ou ne forment-ils qu'un?

Dans l'observation, ces deux termes se présentent constamment unis. Nous éprouvons une sensation et nous en avons conscience ; c'est le même fait, exprimé de deux façons différentes. Tous nos faits de perception se présentent ainsi, ils sont uns. Mais notre raisonnement peut dépasser notre observation. Nous avons le pouvoir de faire une distinction entre les deux éléments, être et être perçu. Ce n'est pas une distinction expérimentale, c'est une distinction idéologique, une abstraction que le langage facilite.

Pouvons-nous aller plus loin, et supposer qu'une

des parties ainsi analysées est capable de subsister
sans l'autre? La sensation peut-elle exister, en
tant qu'impression physique, en tant qu'objet,
sans être éclairée par la conscience? La conscience
peut-elle exister sans avoir un objet?

Parlons d'abord de l'existence de l'objet, quand
on le considère séparé de la conscience. Le problème est fort compliqué.

On l'a lié quelquefois à la thèse idéaliste d'après
laquelle l'objet de conscience, étant une modalité de la conscience, ne peut pas exister à part de
la conscience, c'est-à-dire en dehors des périodes
où il est perçu. Il en résulterait donc que cette
séparation entre l'existence et la perception pourrait se faire, lorsqu'on admet, contrairement à
l'hypothèse idéaliste, que l'objet perçu est matériel
et que la conscience qui le perçoit est mentale.
Dans ce cas, pensera-t-on, il n'y a pas de lien de
solidarité entre la conscience et son contenu.
Mais nous ne sommes point de cet avis. L'union
de la conscience et de son objet est une union de
fait, qui se présente en dehors de toute hypothèse
sur la nature de l'objet. C'est l'observation qui
nous démontre qu'il faut percevoir un objet pour
être assuré de son existence; le raisonnement, du
reste, confirme la nécessité de cette condition, qui
reste vraie, quelle que soit l' « étoffe » de l'objet.

Ceci posé, la question est simplement de savoir

si cette observation de fait doit être généralisée ou
non. On peut, nous semble-t-il, se refuser à la
généraliser sans tomber dans une contradiction.
On peut concevoir que les objets que nous regardons continuent d'exister, sans changement, dans
les moments où nous les perdons de vue. Cela
paraît même assez raisonnable, et c'est l'opinion
du « sens commun ».

Les philosophes anglais, Bain et Mill, ont combattu cette proposition avec une ardeur extraordinaire, comme des croyants combattant une hérésie.
Mais, malgré leurs attaques, elle reste intelligible,
et la distinction entre *être* et *être perçu* conserve
sa légitimité logique. Cela peut se représenter, se
penser; en outre, cela peut-il se réaliser?

En ce qui concerne les objets extérieurs, je crois
que nous l'admettons tous, en fait. Nous admettons tous une distinction entre l'existence du
monde extérieur et la perception que nous en
avons; son existence est une chose, et la perception que nous en avons en est une autre. Son existence continue sans interruption; notre perception
est sans cesse interrompue par les causes les plus
fortuites, un changement de position, moins encore,
un clignement d'yeux; son existence est générale,
universelle, indépendante du temps et de l'espace;
notre perception est partielle, particulière, locale,
limitée à l'horizon de nos sens, déterminée par la

11.

position géographique de notre corps, trouée par
les distractions de notre intelligence, trompée par
les illusions de notre esprit, rabaissée surtout par
l'infirmité de notre intelligence, qui comprend si
peu de ce qu'elle perçoit. Voilà ce que nous admettons tous en pratique ; le moindre de nos actes
suppose la croyance à quelque chose de perceptible qui est plus large et plus durable que nos
perceptions actualisées; je ne pourrais pas écrire
ces lignes, si je ne supposais pas implicitement
que mon encrier, mon papier, ma plume, mon
cabinet, et le monde autour, subsistent pendant
que je ne les vois pas. C'est un postulat de la vie
pratique. C'est aussi un postulat de la science, qui
a besoin, pour ses explications de phénomènes.
d'admettre qu'il existe en eux une continuité. La
science de la nature deviendrait inintelligible s'il
fallait supposer qu'à toutes les éclipses de nos perceptions, les actions matérielles sont suspendues;
il y aurait alors des commencements sans suite et
des fins sans commencement.

Remarquons encore que les notions acquises sur
le fonctionnement de notre système nerveux nous
permettent de donner à ce postulat une forme des
plus précises : l'objet extérieur est distinct du système nerveux, et des phénomènes de perception
qui se produisent quand le système nerveux est
excité; il est donc très facile de comprendre que

cet objet continue à exister et à développer ses
propriétés, même lorsque aucun cerveau ne vibre
dans son voisinage.

Ne pourrait-on pas, pour affermir cette conclusion de l'existence continue des choses, se passer
de ce postulat, qui paraît avoir le caractère d'une
grâce qu'on nous accorde, d'une aumône? Ne
pourrait-on pas la démontrer, cette existence
continue des objets pendant les éclipses de nos
actes de conscience? Cela ne me semble pas impossible. Supposons un moment l'exactitude de la
thèse idéaliste : toute notre connaissance légitime
des objets est contenue dans les étroites limites de
la sensation actuelle ; alors, demanderons-nous, à
quoi sert le raisonnement? A quoi sert la mémoire? Ces fonctions ont précisément pour but
d'élargir la sphère de nos sensations, qui est limitée de deux manières principales, par le temps et
par l'espace; grâce au raisonnement, on arrive à
voir en quelque manière ce que nos sens ne peuvent pas percevoir, parce que c'est trop loin de
nous, parce qu'il y a des obstacles entre nous et
l'objet, parce qu'il s'agit d'un événement passé
ou bien d'un événement qui ne s'est pas encore
produit.

Que le raisonnement puisse se tromper, d'accord;
mais déclarera-t-on qu'il se trompe toujours? Ira-t-on
jusqu'à croire que c'est un mode illégitime de

connaissance? La thèse idéaliste, si elle est consé-
quente, ne peut se dispenser de se prolonger jusqu'à cette conclusion extrême : car une conclusion
de raisonnement contient, quand elle a un sens,
une certaine affirmation sur l'ordre de la nature, et
cette affirmation n'est point une perception, puisqu'elle a précisément pour but de combler les
lacunes de nos perceptions. N'étant point une perception, il faudra la rejeter, si on est idéaliste.

L'idéaliste s'en tiendra donc rigoureusement à
la perception du moment, et celle-ci est si peu de
chose, quand on la prive de toute la conjecture qui
l'enrichit, que le monde, réduit à elle, ne serait
plus qu'un squelette de monde ; il n'y aurait donc
plus de science, plus de connaissance possible.

Mais qui pourrait s'y décider et se cantonner
ainsi dans la perception?

Je suppose bien qu'on va chicaner ; on fera l'objection suivante : dans l'hypothèse d'une existence
discontinue des choses, le raisonnement peut continuer à faire son office, à la condition qu'on suppose toujours l'intervention d'une perception possible. Ainsi, je remarque ce matin, en descendant
dans mon jardin, que le bassin, qui était vide la
veille, est plein d'eau ; j'en conclus : « Il a plu
cette nuit ». Pour être conséquent avec l'idéalisme,
il faudra simplement ajouter : « Si quelqu'un avait
été présent dans le jardin cette nuit, il aurait vu

pleuvoir ». On rétablirait ainsi chaque fois les droits de la perception.

Soit ; mais remarquons bien que cette addition n'a pas plus d'importance qu'une clause de style dans un acte notarié, par exemple, la présence de ce second notaire, que la loi exige, mais dont la pratique se passe toujours.

Cette clause de style, on pourra toujours la supposer, et même la sous-entendre. On sera d'accord avec l'idéalisme, par cette petite formule facile : « Si quelqu'un avait été là », moins encore, en disant : « Pour une conscience universelle... » La différence de la théorie réaliste avec la théorie idéaliste devient donc purement verbale. Autant dire qu'elle disparaît.

Du reste, il y a beaucoup de verbalisme dans l'idéalisme.

Autre objection : s'il suffit de ce témoin — la conscience — pour donner une continuité d'existence aux objets, on peut se contenter d'un témoin subalterne. A quoi bon un homme ? Il suffit d'un œil de mollusque, d'un œil d'infusoire, moins que cela, d'une particule de protoplasma ; la matière vivante va devenir une condition d'existence de la matière brute. C'est une sigulière condition, avouons-le, et cette conclusion juge la doctrine

CHAPITRE VIII

Définition de la conscience. La séparation de la conscience et de son objet. L'inconscient.

Je me demande s'il est possible, allant plus loin dans cette voie de la séparation entre la conscience et son objet, d'admettre que les idées peuvent subsister pendant les périodes où nous n'en avons pas conscience. C'est le problème de l'inconscient que nous posons ici.

Un des procédés de raisonnement les plus simples consiste à traiter les idées comme on a traité les objets extérieurs ; on a admis que la conscience est une chose surajoutée aux objets extérieurs, comme la lumière qui éclaire le paysage, mais ne le constitue pas, et peut s'éteindre sans l'anéantir ; on continue la même interprétation, en disant que les idées prolongent leur existence pendant qu'on ne les pense pas, de la même façon et pour le même motif que les corps matériels continuent la leur pendant qu'on ne les perçoit pas. Tout ce qu'il semble permis de dire, c'est que cette conception n'est pas irréalisable.

Plaçons-nous maintenant au point de vue de la conscience. Nous avons supposé jusqu'ici la suppression de la conscience, et vu qu'on peut imaginer l'objet continuant d'exister. Peut-on faire l'inverse? Supprimons l'objet. La conscience peut-elle continuer d'exister? Sur ce dernier point, il semble que le doute ne soit pas possible, et il faut répondre négativement. Une conscience sans objet, une conscience vide, par conséquent, ne se conçoit pas ; elle serait un zéro, un pur néant, elle ne pourrait pas se manifester. On peut bien admettre, à la rigueur, qu'une telle conscience pourrait exister virtuellement, comme un pouvoir qui ne s'exerce pas, une réserve, une puissance, une possibilité d'être ; mais on ne comprend pas que cette conscience se réalise, s'actualise. Donc, point de conscience actuelle sans objet.

Le problème que nous venons d'agiter, celui de la séparabilité des éléments qui composent un acte de conscience, se continue par un autre problème, celui de l'inconscient. C'est presque le même problème, car se demander ce que devient une chose connue quand nous en séparons la conscience qui l'accompagnait d'abord, c'est bien se demander en quoi consiste un phénomène inconscient ; nous

avons envisagé jusqu'ici les deux formes principales de l'inconscient, l'inconscient dans la nature
et l'inconscient dans la pensée ; le premier inconscient ne porte pas d'ordinaire le nom d'inconscient ; on le discute plutôt sous le nom d'idéalisme
et de réalisme. Quoi qu'il en soit des noms, ces
deux inconscients sont concevables, et ils le sont
d'autant plus qu'ils appartiennent tous deux à la
nature physique.

Si on se laisse guider par le concept de séparabilité, on se trouve maintenant avoir épuisé toute
la série des problèmes possibles ; car nous avons
envisagé toutes les séparations possibles entre la
conscience et son objet ; mais si on se sert d'un
autre concept, celui d'inconscience, on peut aller
plus loin, et se poser un problème nouveau : la
conscience peut-elle devenir inconsciente ? Mais il
y a lieu d'abord de faire quelques distinctions.
C'est le rôle de la métaphysique de faire des distinctions[1].

1. En métaphysique, on raisonne non sur des faits mais le
plus souvent sur des conceptions ; or, autant les faits sont
précis, autant les conceptions sont à contours vagues ; les faits
sont comme des corps cristallisés, les idées comme des liquides
et des gaz. On croit tenir une idée, elle change de forme sans
qu'on s'en aperçoive ; on croit reconnaître une idée, c'en est
une autre, qui diffère un peu de la précédente. A force de
distinctions, nous devons chercher à lutter contre cet écoule-
ment, cette fuite des idées.

L'inconscience suppose une mort de la conscience ; mais cette mort a ses degrés, et avant la
mort totale, on peut concevoir bien des atténua-
tions.

Il y a d'abord la diminution de conscience. La
conscience est une grandeur, susceptible de croître
et de décroître, comme la sensation elle-même.
Suivant les individus, la conscience peut avoir un
champ très grand ou très petit, embrasser à la
fois un nombre variable d'objets. Je puis faire
attention à plusieurs choses à la fois, mais quand
je suis fatigué, cela m'est plus difficile, je perds
en extension, ou comme on dit encore, le champ
de la conscience se rétrécit. Elle peut perdre aussi
non seulement en surface, mais en profondeur.
Tous nous avons observé en nous-mêmes qu'il y a
des moments de conscience obscure où on comprend
vaguement, et des moments de conscience lumineuse où on va presque au fond des choses. Il est
difficile de donner tort à ceux qui admettent, avec
Leibnitz, l'existence de petites consciences. Le
rapetissement de la conscience est déjà un moyen
de comprendre l'inconscient ; l'inconscient est la
limite de ce rapetissement[1].

1. Je crois avoir rencontré chez ARISTOTE cette idée ingénieuse que l'affaiblissement de la conscience et son désordre
peuvent être dus à l'affaiblissement et au désordre de l'objet.
C'est une théorie qui n'a rien d'invraisemblable.

On a encore constaté ce fait singulier que, chez
un même individu, il peut coexister plusieurs
consciences qui n'entrent point en communication
les unes avec les autres, et qui ne se connaissent
pas. Il y a une conscience principale, qui parle, et
en outre des consciences accessoires, qui ne parlent
pas, mais peuvent révéler leur existence en
employant d'autres modes d'expression, le plus
souvent l'écriture.

Ces dédoublements, ces émiettements de conscience et de personnalité ont été décrits très
souvent chez les hystériques. Ils s'y produisent
parfois avec une entière spontanéité ; le plus souvent, ils ont besoin d'un peu de suggestion ou de
culture ; en tous cas, puisqu'ils se produisent, d'une
façon ou d'une autre, cela prouve qu'ils sont possibles ; et pour la théorie, cette possibilité est
l'essentiel. Les faits de ce genre ne conduisent
pas à une théorie de l'inconscient, mais ils permettent de comprendre comment certains phénomènes, inconscients en apparence, sont conscients
pour eux-mêmes, parce qu'ils appartiennent à des
consciences séparées.

Une troisième thèse, plus difficile à comprendre
que les deux autres, suppose que la conscience
peut se conserver sous une forme inconsciente.
C'est difficile à admettre puisque l'inconscience
est la négation de la conscience. C'est comme si

on disait que la lumière peut se conserver quand
on fait la nuit. C'est comme si on disait qu'un
objet subsiste encore quand, par hypothèse, on
l'a radicalement détruit. Cette idée ne représente
aucun sens intelligible, et il n'y a pas lieu d'insister.

Nous n'avons pas encore épuisé tous les concepts
par lesquels on peut arriver à l'inconscience. En
voici encore un autre; c'est le dernier que nous citerons, sans pour cela prétendre que ce soit le dernier qui existe. Nous pourrions l'appeler le concept
physiologique, car c'est celui que les physiologistes
emploient de préférence. Il a pour base l'observation des phénomènes qui se produisent dans le
système nerveux pendant nos actes de consciences;
ces phénomènes précèdent la conscience, en
général, et la conditionnent. D'après un schéma
commode, qui a été longtemps en usage, on se
représente de la manière suivante les relations
entre le phénomène physiologique et la conscience;
le phénomène physiologique consiste en une excitation qui tantôt suit un chemin direct et court,
depuis sa porte d'entrée dans le système nerveux
jusqu'à sa porte de sortie; et dans ce cas, il
s'accomplit comme simple phénomène mécanique; tantôt, il parcourt un trajet plus long, il
fait un détour, par lequel il passe dans des centres nerveux supérieurs; c'est au moment de ce

détour que se produit le phénomène de conscience. Ce schéma ne préjuge aucune question de
fond.

Allant plus loin, beaucoup d'auteurs contemporains ne se contentent pas de poser que la conscience est conditionnée par le phénomène nerveux,
mais qu'elle en est accompagnée constamment;
tout fait psychique de perception, ou d'émotion,
ou d'idée, aurait, suppose-t-on, une base physiologique ; il serait donc, pris dans son intégralité,
psycho-physiologique. C'est ce qu'on appelle la
théorie paralléliste. Nous ne pouvons la discuter
ici, nous la retrouverons dans la troisième partie
de ce livre. Elle a l'avantage de conduire à une
définition très simple de l'inconscient. L'inconscient, c'est ce qui est purement physiologique. On
se représente la partie mécanique du phénomène
total continuant à se produire, en l'absence de la
conscience, comme si celle-ci continuait à la
suivre et à l'éclairer.

Telles sont les principales conceptions qu'on
peut se faire de l'inconscient. Ce ne sont probablement pas les seules, et notre liste n'est pas
exhaustive.

Après avoir indiqué ce qu'est l'inconscient, terminons en indiquant ce qu'il n'est pas, et ce qu'il
ne peut pas être.

Nous pensons, ou du moins nous avons implici

tement admis, dans les définitions précédentes,
que l'inconscient n'est que de l'inconnu, qui a pu
être connu, ou qui pourrait devenir connu sous
certaines conditions, et qui ne diffère du connu
que par le seul caractère de ne pas être actuelle-
ment connu ; si cette notion est juste, on n'a
vraiment pas le droit d'armer cet inconscient-là
d'une puissance formidable. Il a la puissance de la
réalité à laquelle il correspond, mais son caractère
d'inconscient n'y ajoute rien. Il en est de lui
comme de la science de demain. Aucun savant ne
fera de difficultés pour reconnaître que cette
science-là sera plus belle et plus profonde que
la science déjà faite, mais ce n'est pas de ce qu'elle
est inconnue qu'elle tient sa supériorité ; c'est
des phénomènes qu'elle embrasse. Pour donner à
l'inconscient, tel que nous l'entendons ici, une
supériorité écrasante sur le conscient comme tel,
il faudrait admettre que la conscience n'est pas
seulement un luxe inutile, mais encore une
déchéance pour les forces qu'elle accompagne.

En second lieu, nous refusons d'admettre que
la conscience elle-même puisse devenir inconsciente, et se continuer en quelque sorte sous une
forme inconsciente. Ce serait rapprocher, à notre
avis, deux conceptions qui se contredisent, et nier
après avoir affirmé. Du moment que la conscience
s'éteint, il n'en reste rien, de cette conscience, si

12.

ce n'est les conditions de son apparition, conditions
qui en sont distinctes. Entre deux moments de
conscience séparés par le temps, par un état
d'inconscience, il n'existe, il ne peut exister aucun
lien. Je me sens incapable d'imaginer en quoi ce
lien pourrait consister s'il n'est pas matériel, c'est-
à-dire s'il n'est pas fourni par la classe des objets.
J'ai déjà dit que la thèse substantialiste essaye
d'établir une continuité entre des consciences
séparées par le temps, en supposant un quelque
chose de durable, dont la conscience serait une
propriété à manifestation intermittente. On s'expliquerait ainsi les interruptions de la conscience
comme les interruptions dans la lumière d'une
lampe; quand la lumière s'éteint, la lampe reste
dans l'obscurité, toujours susceptible de se rallu-
mer. Ecartons cette métaphore, qui peut faire
illusion. Le concept de conscience ne peut fournir
aucun lien, aucun état mental qui demeure quand
la conscience ne se réalise pas : si le lien existe,
il est dans la permanence des objets matériels,
dans la permanence de l'organisme nerveux, qui
permet le retour d'états analogues de la matière.

CHAPITRE IX

Définitions de la Psychologie.

Reprenons les idées précédentes sous une autre forme. Et puisque définir l'esprit, c'est en même temps définir la psychologie, cherchons la vérité qu'on peut glaner dans les définitions de cette science. Notre but n'est point de chercher une définition exacte, mais de tirer parti de celles qui existent déjà.

Définir la psychologie, c'est caractériser le domaine sur lequel cette science étend son empire, et en même temps indiquer les limites qui séparent ce domaine des voisins; au premier abord, c'est une affaire de géométrie d'arpentage qui ne paraît souffrir aucune espèce de difficulté, car la psychologie ne se confond pas par des transitions insensibles avec des sciences limitrophes, comme la physique avec la chimie, par exemple, ou la chimie avec la biologie.

A toutes les sciences de la nature extérieure la

psychologie offre l'opposition violente du monde moral avec le monde physique. On ne peut la mettre en série linéaire avec les sciences physiques; elle occupe, au contraire, une position à part; elle est le point de départ, la forme la plus abstraite et la plus simple des sciences morales, elle soutient avec elles le même rapport que la mécanique avec les sciences physiques.

Tout cela est vrai, sans doute; et cependant on a éprouvé une très grande difficulté à condenser dans une définition claire l'essence de la psychologie; ce qui le prouve, c'est la multiplicité des définitions qui ont été essayées. S'il y en a tant, c'est qu'aucune n'a paru complètement satisfaisante. Leur abondance montre leur insuffisance. Cherchant à mettre un peu d'ordre dans ces tentatives, je me propose de répartir les définitions de la psychologie dans les catégories suivantes :

1° La définition par la substance, c'est la définition métaphysique par excellence;

2° La définition par énumération;

3° La définition par la méthode;

4° La définition par le degré de certitude;

5° La définition par le contenu;

6° La définition par le point de vue;

7° La définition par la nature propre des lois mentales.

Nous allons parcourir rapidement cette série

d'efforts de définition, pour les critiquer et les rejeter à peu près toutes, car la dernière seule nous paraît juste, c'est-à-dire en harmonie avec les idées que nous avons exposées ci-dessus.

La définition métaphysique a pris aujourd'hui un petit tour d'archaïsme. Elle consistait à considérer la psychologie comme la *science de l'âme*. Cela est bien abandonné ; les auteurs modernes ont adopté l'expression et aussi l'idée de Lange qui, le premier, je crois, a dit[1] que l'on devait cultiver une *psychologie sans âme*. Cette déclaration catégorique a fait scandale, et quelques personnes mal informées ont interprété les mots en croyant que cette nouvelle psychologie, qui s'est répandue en France sous le couvert du nom de Ribot, avait la prétention de nier l'existence de l'âme, et était destinée à verser dans le matérialisme. C'est une erreur.

Il est bien possible, en fait, que plusieurs adeptes de la psychologie nouvelle ou psychologie expérimentale, soient des matérialistes par conviction intime ; la culture exclusive des faits extérieurs, des phénomènes dits matériels tend évidemment, ce n'est un mystère pour personne, à incliner l'esprit vers la doctrine métaphysique du matérialisme. Mais, cet aveu une fois fait, il convient d'ajouter tout de suite que la psychologie, comme

1. Lange, *Histoire du Matérialisme*, II, 2° partie, ch. 3.

science de faits, n'est inféodée à aucune doctrine
métaphysique ; elle n'est ni spiritualiste, ni matérialiste, ni moniste, mais uniquement science de
faits. Voilà ce que Ribot et ses élèves ont affirmé
bien haut, et à toute occasion. Par conséquent, il
faut reconnaître que l'expression un peu amphi-
bologique de psychologie sans âme n'implique
point une négation de l'existence de l'âme ; elle
est plutôt, ce qui est tout différent, une attitude
réservée vis-à-vis de ce problème. On ne le résoud
pas, on l'écarte.

Et certainement, on a raison de l'écarter. L'âme
entendue comme substance, c'est-à-dire comme
un quelque chose qui est distinct des phénomènes
psychiques, qui tout en étant leur cause et leur
soutien, reste inaccessible à nos moyens directs de
connaissance, ce n'est là qu'une hypothèse, et elle
ne peut servir d'objet à une science de faits : cela
impliquerait contradiction.

Malheureusement, il faut confesser que si on a
raison de renvoyer à la métaphysique la discussion
sur le concept de l'âme, cela ne suffit vraiment pas
pour nous purger l'esprit de toute métaphysique ;
et tel qui se croit simple et rigoureux expérimen-
tateur est souvent un métaphysicien sans le
savoir.

Aussi, ces excommunications de la métaphysique
paraissent-elles un peu naïves aujourd'hui. On se

risque moins qu'il y a quelques années à déclarer :
« Ici commence la métaphysique et finit la science
positive, et je n'irai pas plus loin ». Il y a même
une tendance des psychologues modernes à s'inté-
resser aux problèmes philosophiques les plus
élevés et à y prendre position.

La seconde espèce de définition est, avons-nous
dit, par énumération. Elle consiste à présenter
devant les yeux du lecteur un assortiment de phénomènes psychologiques, et à dire ensuite : voilà
ce que la psychologie étudie. On prendra volontiers comme échantillons les idées, les raisonnements, les émotions et autres manifestations de la
vie mentale. Si c'est là une définition toute provisoire, une simple entrée en matière, nous l'acceptons à la rigueur. Elle peut servir à donner une
première impression des choses, et à raviver les
souvenirs de ceux qui, par un hasard assez extraordinaire, ne se douteraient pas que la psychologie
étudie nos pensées. Mais quel que soit le nombre
réel de ces ignorants profonds, ils constituent, je
pense, une quantité négligeable ; et après ces
préliminaires, il faut en venir à une définition
véritable, et ne pas escamoter le problème qui
consiste à indiquer en quoi le spirituel se distingue
du matériel.

Donc, laissons de côté les définitions par énumération.

Voici venir maintenant la définition par la méthode. De nombreux auteurs ont admis que c'est par la méthode que la psychologie se distingue des autres sciences.

A l'esprit se rattache l'idée du dedans, à la nature se rattache l'idée d'être en dehors de l'esprit, de constituer un dehors. C'est une idée vague; mais elle se précise dans beaucoup de métaphores et a donné lieu à plusieurs formes de langage. Depuis Locke, on parle de la vie intérieure de l'esprit, par contraste avec la vie extérieure; de la réalité subjective, par contraste avec la réalité objective; et de même on fait une opposition entre les sens externes et le sens intime (la perception interne), qu'on a voulu parfois ériger en sixième sens. Ce n'est plus tout à fait le dualisme cartésien, mais c'est encore un dualisme.

On a encore dit que la psychologie est la science de l'introspection et on a ajouté que la psychologie scientifique est une introspection contrôlée. Par là cette science des « faits internes de l'homme » se distinguerait des autres sciences de la nature, qui se font par l'usage de nos sens extérieurs, par l'observation externe, c'est-à-dire, pour employer un néologisme, par externospection. Cette symétrie de mots peut satisfaire un moment des esprits verbaux; mais à la réflexion on s'aperçoit qu'une distinction entre l'introspection et l'externospection

ne répond pas à une différence fondamentale et
constante dans la nature des choses ni dans les
procédés de connaissance. J'ai quelque regret à
l'avouer et à me mettre ici en contradiction avec
moi-même; car j'ai longtemps cru et j'ai même
imprimé que la psychologie est la science de
l'introspection. Mon erreur vient de ce que j'ai fait
trop d'analyses de détail et ne me suis pas suffisamment élevé à une conception d'ensemble.

La définition que nous avons donnée de la
conscience est la condamnation implicite des idées
précédentes. La conscience n'étant qu'un acte de
révélation n'a ni dedans, ni dehors; elle ne correspond pas à un domaine propre, qui serait intérieur
par rapport à un autre domaine.

Toute considération sur la position des choses
est empruntée à la sphère de l'objet, et reste
étrangère à la sphère de la conscience. C'est par
abus de langage que nous parlons du monde extérieur par rapport au monde de la conscience; et
c'est pure imagination des philosophes que d'avoir
supposé que nos sensations sont d'abord perçues
comme des états internes, des états de la conscience, et sont ensuite projetées au dehors, pour
former le monde extérieur. La notion d'interne et
d'externe ne se comprend que pour certains
objets, qu'on compare comme position à certains
autres.

13

En fait, nous trouvons que l'opposition entre
une série externe et une série interne est établie
généralement sur deux caractères : la sensation est
jugée externe par rapport à l'idée ; et un objet de
connaissance est considéré comme interne lorsqu'il
n'est accessible qu'à nous. Quand ces deux caractères
se présentent isolément, on peut avoir des doutes ;
mais lorsqu'ils coexistent, alors l'extériorité où
l'intériorité apparaissent avec une pleine évidence.
On voit donc que cette distinction n'a point affaire
à la valeur de la conscience et n'a rien de mental.

C'est ainsi que nos idées sont jugées des événements intérieurs. C'est notre microcosme, opposé
au macrocosme. C'est l'individuel opposé au social.
Regardant un objet extérieur, nous restons en
communion avec nos semblables, car nous recevons, ou nous croyons recevoir des sensations
identiques ; du moins nous recevons des sensations
correspondantes. Au contraire, ma pensée est à
moi, elle est connue de moi seul, c'est mon sanc-
tuaire, mon cabinet secret où les autres n'entrent
pas. Tout le monde peut voir ce que je vois, mais
personne ne sait ce que je pense.

Mais cette différence dans l'accessibilité des phénomènes ne tient pas à leur nature particulière ;
elle est liée à un fait différent, aux modes d'excitations qui les provoquent. Si la sensation visuelle
est commune à tous, c'est parce que la cause

provocatrice de la sensation est un objet extérieur
à nos systèmes nerveux et agissant à distance sur
tous[1]; la sensation tactile est déjà plus personnelle
à celui qui l'éprouve, puisqu'elle exige le contact;
et les sensations inférieures sont encore en progrès
dans cette intimité. Et puis, un même objet peut
donner lieu, selon des circonstances banales, à
une sensation commune à tous les êtres ou spéciale
à un seul. Le cachet d'antipyrine que j'avale est,
avant que je. l'aie avalé, visible à tous les yeux;
une fois qu'il est dans ma bouche, je suis le seul
à le percevoir. Il est donc possible qu'une même
sensation, suivant les déplacements de l'objet qui
la provoque, fasse partie de la série interne ou de
la série externe; et comme toute la vie psychique
est sensation, même l'effort, même, assure-t-on,
l'émotion, il s'ensuit que notre argumentation
s'étend à tous les éléments psychiques.

Enfin, le caractère intérieur ou extérieur des
événements, ce qu'on pourrait appeler leur position géographique, est un caractère qui n'influe
pas sur la méthode destinée à en prendre connaissance. La méthode reste une. L'introspection ne

1. Remarquons, en passant, combien la nature a mal organisé
entre les êtres pensants un système de communication. Nous
n'avons rien de commun, dans ce que nous éprouvons, avec
nos semblables : chacun éprouve ses sensations et non celles
d'autrui. Le seul point de rencontre des esprits différents se
trouve dans le domaine inaccessible des noumènes.

représente point une source de connaissance qui
serait distincte de l'externospection, car les mêmes
facultés de l'esprit, le raisonnement, l'attention, la
réflexion s'exercent sur la sensation, source des
sciences soi-disant externes, et sur l'idée, source
de la science soi-disant intérieure. Un fait peut
être étudié par le même procédé essentiellement,
qu'on le regarde avec les yeux ou qu'on se le
peigne avec le souvenir. La conscience change
d'objet, d'orientation, pas de nature. C'est comme
si, avec la même lorgnette, nous regardions tour
à tour le fond de notre chambre, et par la
fenêtre.

Je puis même citer à ce propos un fait significatif : Il y a des observateurs qui sont organisés de
telle sorte qu'ils observent surtout de mémoire ;
placés devant le phénomène sensoriel qui frappe
leur sens, ils sont parfois ahuris, comme hypno-
tisés ; ils ont besoin de s'en éloigner pour reprendre
conscience d'eux-mêmes, analyser le fait, et s'en
rendre maître, et c'est par le souvenir qu'ils
l'étudient, à la condition, bien entendu, de revenir
ensuite vérifier leur conclusion par une nouvelle
observation d'après nature. Dira-t-on que le physicien, le chimiste, le biologiste qui suit cette
méthode lente, qui fait de l'observation rétroac-
tive, fait de la physique et de la biologie par
introspection? Evidemment non, ce serait ridicule.

A l'inverse, l'introspection peut, dans certains cas, adopter les procédés de l'externospection. Sans doute, il serait inexact de dire que toujours la perception de l'une de nos idées se fait par le même mécanisme que la perception d'une de nos sensations ; pour se rendre compte de ce qu'on pense, on n'a pas besoin d'exécuter le même travail que pour se rendre compte de ce qu'on voit, car, d'ordinaire, nos pensées et nos images ne nous apparaissent pas spontanément. Elles sont d'abord cherchées par nous, et ne se réalisent qu'après avoir été voulues ; nous allons du vague au précis, du confus au clair ; la direction de la pensée précède alors sa réalisation en images ; et celle-ci étant attendue, est nécessairement comprise quand elle se forme. Mais on peut surprendre de curieuses circonstances où c'est l'image qui a l'initiative de son apparition, et alors il est exact de dire que cette image non appelée doit être interprétée et reconnue comme si c'était un objet extérieur. Dans les cas de ce genre, il nous passe par l'esprit quelque chose qui nous surprend. Je vois, par la vision intérieure, une figure au nez rouge, et longtemps il faut que je cherche, longtemps, parfois plusieurs jours, pour préciser le sentiment vague de déjà vu que cette figure me donne, et arriver à dire : c'est un tel ! Ou bien, j'entends dans mon audition intérieure résonner une certaine

13.

voix, au timbre métallique, aux inflexions auto-
ritaires ; cette voix prononce des mots de science,
fait un cours ; mais je ne sais à qui elle appartient, et il me faut un long effort pour que j'arrive
à cette interprétation : c'est la voix de M. Dastre !
Il y a alors un temps plus ou moins long où l'on
peut affirmer rigoureusement que nous ne savons
pas à quoi nous pensons ; nous sommes devant
une pensée dans le même état d'incertitude que
devant un objet extérieur, inconnū et nouveau ; le
travail de classification et d'interprétation qui nous
est imposé est de même ordre ; et lorsque ce
travail est exécuté incorrectement, il peut aboutir
à une illusion. Donc, les illusions de la pensée
sont aussi bien possibles que les illusions des sens,
quoique plus rares pour les raisons que j'ai dites
plus haut. Mais la question de fréquence n'a point
d'importance théorique.

J'ai montré autrefois, dans des expériences sur
des hystériques, qu'on peut, par l'intermédiaire
de leur toucher insensible, leur suggérer des idées
sur la valeur desquelles ces malades commettent
des erreurs. Ainsi, on prend leur doigt insensible,
on le touche, ou on le plie. Ces malades, ne voyant
pas ce qu'on fait, ne le sentent pas, mais la sensation tactile non sentie par leur conscience principale éveille quand même l'image visuelle du doigt ;
celle-ci fait son entrée dans le champ de la cons-

cience, et le plus souvent n'est point reconnue
par le sujet, qui décrit la chose à sa manière :
il prétend, par exemple, qu'il pense à des bâtons
ou à des colonnes. En réalité, il ne sait pas à
quoi il pense, et nous le savons mieux que lui ; il
pense à son doigt, et ne le reconnaît pas.

Tous ces exemples montrent que les caractères
tranchés par lesquels on voudrait séparer l'extrospection et l'introspection n'existent pas.

Cependant, il y a lieu de conserver la distinction,
parce qu'elle présente un intérêt réel pour la
psychologie individuelle ; ces deux mots d'introspection et d'extrospection font admirablement
sentir des différences dans la manière de penser
entre ceux qui, de préférence, regardent, et ceux
qui, de préférence, réfléchissent ; d'une part, les
observateurs, qui sont souvent des gens d'action ;
d'autre part, les spéculatifs, qui sont souvent des
mystiques ; mais il ne serait pas plus légitime de
séparer la psychologie et la physique par ce moyen,
que de dire par exemple : « il y a deux sortes de
géologies, l'une est celle de la France, car on la
connaît sans sortir de chez soi, et l'autre est celle
du reste du monde, car pour la connaître il faut
passer la frontière. »

Nous repoussons donc la définition tirée de la
différence de méthode. Au fond, il n'y a pas de
différence de méthode, mais des différences de

procédé, de technique; la méthode est toujours la même, car elle dérive de l'application d'un certain nombre de lois aux objets de connaissance, et ces lois restent les mêmes dans toutes les sphères d'application.

Voici une autre différence de méthode qui, si elle était vraie, aurait une portée incalculable. « La psychologic, nous dit-on, est une science d'expérience directe et immédiate, elle étudie les faits tels qu'ils se présentent à notre conscience, tandis que les sciences de la nature sont des sciences d'expérience indirecte et médiate, car elles sont obligées d'interpréter les faits de conscience et d'en tirer des conclusions sur la nature. » On a encore dit, dans une formule plus ambitieuse : « La science des objets physiques est relative, la science psychologique est absolue. »

Eclaircissons ceci par l'analyse rapide de n'importe quelle perception. Ce que je perçois directement, immédiatement, nous dit-on, ce n'est pas l'objet, c'est mon état de conscience ; l'objet est inféré, conclu, connu à travers l'intermédiaire de l'état de conscience. On ne le connaît, disait Lotze, que *circa rem*. Il est donc appréhendé moins immédiatement, et toute science de la nature emploie une méthode plus contournante que celle de la psychologie. Celle-ci, étudiant les

états de conscience, qui seuls nous sont connus
directement, tient la réalité même, la réalité
absolue. « Il y a plus de réalité absolue, a le cou-
rage d'écrire M. Rabier, dans le simple sentiment
qu'un homme, qu'un animal même a de sa douleur
quand on le frappe, que dans toutes les théories
de la physique ; car, par delà ces théories, on peut
se demander ce que sont les choses. Mais c'est
une absurdité de se demander si, par delà la douleur dont on a conscience, il n'y a pas une autre
douleur différente de celle-là[1]. »

Passons aux psychologues ce petit travers, si
commun, d'exagérer le mérite de la science qu'ils
cultivent. Mais ici, la mesure est vraiment dépas-
sée ; et aucun savant n'admettra que la perception
et la représentation d'un corps, telle qu'elle peut
se faire dans l'esprit d'un Berthelot, présente une
infériorité comme connaissance de l'absolu, sur la
douleur qu'éprouve un escargot que j'écrase sous
mon pied. Personne, en dehors des métaphysiciens, ne reconnaîtra que la psychologie est une
science plus précise et plus sûre que la physique
ou la chimie.

Le critère que fournit le développement des
sciences prouverait juste le contraire. Les observations de la psychologie sont toujours un peu

---

1. E. RABIER, *Leçons de Philosophie, Psychologie*, p. 33.

floues. Les phénomènes psychologiques, malgré
les efforts de Fechner et de son école, ne se
mesurent pas encore avec la même rigueur et la
même commodité que la réalité tangible. Pour
tout dire, le psychologue qui vante la supériorité
de sa méthode et ne montre que des résultats
inférieurs se met dans une contradiction un peu
ridicule; il mériterait d'être comparé à ces spirites
qui se prétendent capables d'évoquer l'âme des
morts illustres, et ne recueillent que des platitudes.

Au fond, les raisonnements précédents des
métaphysiciens me paraissent contenir une grave
erreur. Elle consiste à supposer que les sciences
de la nature étudient la réalité cachée sous la
sensation et ne se servent de la sensation que
comme d'un signe permettant de remonter de
l'effet à la cause. C'est tout à fait inexact. Les
sciences de la nature sont bornées par la sensation, c'est vrai ; mais elles n'en sortent pas ; elles
font leurs constructions avec la sensation seule,
et la raison en est bien simple ; elles ne connaissent que cela. Au psychologue métaphysicien qui
revendiquerait la sensation comme un bien qui
lui est propre, en disant : « Mais cette sensation,
c'est un état de ma conscience, elle est à moi,
elle est moi », le physicien a droit de répondre :
« Pardon ! cette sensation c'est l'objet extérieur
que j'étudie, c'est ma colonne de mercure, c'est

mon ressort, c'est mon précipité, c'est mon amibe ; ces objets, je les saisis directement, et je n'en veux pas d'autre ».

La psychologie se trouve donc exactement sur le même pied que les autres sciences, dans la mesure où elle étudie des sensations qu'elle considère comme lui étant propres ; j'ai dit que des sensations propres à la psychologie ne sont guère représentées que par les sensations émotionnelles produites par les orages des appareils de la vie organique.

Nous arrivons maintenant aux définitions par le contenu. Elles ont été nombreuses ; nous n'en citerons que quelques-unes.

La plus usitée consiste à dire que la *psychologie étudie les faits de conscience.*

Cette formule passe, en général, pour satisfaisante ; le petit reproche qu'on lui adresse est d'exclure les faits inconscients, dont le rôle est si important, pour expliquer l'ensemble de la vie mentale, mais il suffirait d'une clause de style pour réparer l'omission. On pourrait ajouter, par exemple, à la formule précédente : les faits conscients, et ceux qui, inconscients dans certaines conditions, sont conscients dans d'autres.

La difficulté n'est pas là, elle est beaucoup plus grave. Lorsqu'on y regarde de près, on s'aperçoit que le terme *fait de conscience* est bien élastique ;

et cela pour une raison simple à dire : c'est que tous les faits qui existent et qui nous sont révélés arrivent jusqu'à nous par le témoignage de la conscience, et sont, par conséquent, des faits de conscience. Si je regarde une locomotive et que j'en analyse le mécanisme, je me comporte en mécanicien ; si j'étudie au microscope la structure d'un infusoire, je fais de la biologie ; et cependant, la vue de la locomotive, la perception de l'infusoire sont autant de faits de conscience, et appartiendraient à la psychologie, si on prenait à la lettre la définition précédente, qui est tellement absolue qu'elle absorbe dans la science de l'esprit le monde entier. On remarquerait bien que certains phénomènes resteront proprement psychologiques, par exemple les émotions dont l'étude ne serait disputée par aucune science physique ; car le monde de la nature ne nous offre rien de pareil à une émotion, ni à un coup de volonté ; mais en revanche, tout ce qui est objet de science physique, tout ce qui se perçoit par nos sens externes, pourrait être revendiqué par la psychologie. Donc, bien évidemment, la définition précédente est beaucoup trop vaste, elle ne convient pas *solo definito*. Elle ne réussit pas à dégager le caractère essentiel du psychique. Ce caractère existe, nous le pressentons, on ne nous le formule pas.

Une autre définition par le contenu n'a pas été

beaucoup plus heureuse. Pour séparer le matériel
et le moral, on s'est souvenu de la conception de
Descartes, et on a dit : « la psychologie est la science
de ce qui existe dans le temps seul, tandis que la
physique est la science de ce qui existe à la fois
dans le temps et dans l'espace. »

A ce raisonnement théorique, on pourrait déjà
objecter qu'en fait, dans notre vie vécue, nous ne
cessons pas de localiser dans l'espace, quoiqu'un
peu vaguement, notre pensée, notre moi, notre
ensemble intellectuel. En ce moment, je me considère moi-même et je me prends comme exemple.
J'écris ces lignes dans mon cabinet de travail, et
il n'y a pas de raisonnement métaphysique qui
puisse me faire abandonner cette conviction intime
que mon tout intellectuel est dans cette chambre,
au deuxième étage de ma maison de Meudon. Je
suis ici et non ailleurs. Mon corps est ici, et mon
âme, si j'en ai une, est ici. Je suis où est mon
corps, je crois même que je suis dans mon corps.

Cette localisation, qui certes n'a point la précision ni même les caractères de la localisation d'un
corps matériel dans l'espace, me semble résulter
de l'importance très grande que nous attachons à
l'existence de notre corps dans la perception et
dans les mouvements. Notre corps accompagne
toutes nos perceptions ; ses changements de position font varier nos perceptions ; les accidents qui

14

lui arrivent nous donnent du plaisir ou de la souf-
france; nous commandons certains de ses mouvements; nous observons que quelques autres de
ses mouvements sont la suite de nos pensées et de
nos émotions. Il occupe donc, parmi les objets de
connaissance, une position privilégiée, qui nous le
rend plus intime et plus cher que les autres
objets. Il n'y a pas lieu de rechercher si, dans la
réalité absolue, je suis logé en lui; car ce *je* est
un produit artificiel fabriqué avec des souvenirs.
Nous avons expliqué plus haut ce que vaut la
relation sujet-objet. Il est incontestable que dans
la fabrication du sujet nous faisons entrer le
corps; c'est un élément trop important pour qu'il
n'ait pas le droit de faire partie de la synthèse : il
en est le noyau. Comme, d'autre part, tous les
autres éléments de la synthèse sont psychiques,
invisibles et réduits à être des facultés, des puis-
sances, on peut trouver commode de les considérer comme occupant le centre du corps ou le
centre du cerveau. Il n'y a pas lieu de discuter
cette synthèse; elle est de pure convenance.
Autant vaudrait rechercher si la personnalité
d'une société civile est réellement localisée au
siège social de la société, autour du tapis vert qui
orne la table du cabinet directorial.

Une autre définition de la psychologie, qui est

à la fois une définition par le contenu et une définition par la méthode, a été souvent employée par
les philosophes et les physiologistes. Elle consiste
à admettre qu'il existe réellement deux voies pour
arriver à la connaissance des objets, le dedans et
le dehors. Ces deux voies s'opposent comme l'endroit et l'envers d'une étoffe. C'est en ce sens que
la psychologie est la science du dedans et regarde
le revers de l'étoffe, tandis que les sciences de la
nature en regardent l'endroit. Et c'est si vrai,
ajoute-t-on, qu'un même phénomène apparaît sous
deux formes radicalement différentes, suivant qu'on
le regarde par l'un ou l'autre de ces points de vue.

Ainsi, chacune de nos pensées est en corrélation, nous fait-on remarquer, avec un état particulier de notre matière cérébrale ; notre pensée,
voilà la face subjective et mentale ; le processus
cérébral correspondant, voilà la face objective et
matérielle.

On insiste alors sur les différences entre la
représentation, qui est un phénomène purement
psychologique, et un état cérébral, qui est un
phénomène matériel, réductible à du mouvement,
et on déclare que ces deux ordres de phénomènes
sont séparés par des différences irréductibles.

Enfin, pour se rendre compte de ces différences
et les expliquer, on fait remarquer qu'elles tiennent vraisemblablement aux modes de connais-

sances qui interviennent pour saisir le mental et
le physique. Le phénomène mental, nous dit-on,
est saisi en lui-même, tel qu'il est; on le connaît
sans mystère, on le connaît dans sa vérité absolue.
Au contraire, le phénomène physique ne nous
arrive qu'à travers l'intermédiaire de nos nerfs,
plus ou moins transformé par conséquent par la
manipulation du transport; c'est une connaissance
indirecte qui nous fait saisir la matière; nous
n'avons de celle-ci qu'une notion relative et d'apparence, ce qui explique suffisamment qu'elle
puisse différer d'un phénomène de pensée.

Nous avons déjà eu l'occasion de parler de ce
dualisme, lorsque nous avons essayé de définir la
sensation. Nous y revenons encore une fois, pour
le critiquer, car c'est une conception qui est
aujourd'hui devenue classique; et ce n'est qu'en
l'attaquant à plusieurs reprises qu'on parviendra à
démontrer l'erreur.

Prenons un exemple. Je regarde la plaine devant moi, et j'y vois passer un troupeau de moutons. Pendant ce temps, un observateur est placé
à mes côtés, et il ne regarde pas la même chose;
ce n'est pas dans la plaine qu'il regarde, c'est, je
suppose, dans mon cerveau; armé d'un microscope à la Jules Verne, il parvient à percevoir ce
qui se perpètre sous ma calotte crânienne, et il
voit dans mes fibres et cellules nerveuses ces phé-

nomènes d'ondulation que les physiologistes ont
jusqu'ici décrits hypothétiquement. Cet observateur constate donc que, pendant que je regarde
dans la plaine, mon nerf optique véhicule un certain genre de mouvements; ce sont, je l'admets,
des déplacements de molécules, qui dansent d'une
manière compliquée; le mouvement suit le trajet
du nerf optique, traverse le chiasma, suit les
bandelettes, passe la capsule interne et se rend
finalement dans les centres visuels de la région
occipitale. Voilà donc les deux termes de comparaison constitués : d'une part, nous avons une
certaine représentation, la mienne; et, d'autre
part, coïncidant avec cette représentation, nous
avons les changements dynamiques dans les centres nerveux. Ce sont les deux choses qui constitueraient l'endroit et l'envers de l'étoffe. On nous
dit : Voyez comme cela se ressemble peu ! Une
représentation est un fait psychique; un mouvement de molécules est un fait matériel. On ajoute :
si ces deux faits se ressemblent si peu, c'est qu'ils
nous parviennent par deux voies différentes.

Ces deux affirmations, je les trouve également
contestables. Commençons par la dernière. Où
voit-on que nous possédons deux sources différentes
de connaissance? Où voit-on que nous pouvons
considérer un objet sous deux faces différentes?
Où sont nos doubles organes des sens, dont l'un

14.

serait tourné vers le dedans et l'autre vers le
dehors? Dans l'exemple choisi pour cette discussion, nous avons supposé deux personnages, dont
chacun éprouve une perception visuelle; l'un
regarde un objet, l'autre regarde un autre objet;
mais tous deux regardent avec le même organe
des sens, avec leur œil. Comment est-il possible
de comprendre que cet œil puisse, tour à tour,
selon les besoins, voir les deux faces physique et
mentale d'un même objet?

Ce sont les deux faces d'un même objet, nous
dit-on, car les deux visions, quoique s'appliquant
au même objet, sont essentiellement différentes;
d'une part, c'est une sensation de déplacement, de
mouvement, de danse, exécuté par des molécules
de substance protéique; d'autre part, c'est un
troupeau de moutons qui cheminent à cent mètres
de nous dans la plaine.

Il nous semble que là encore, le raisonnement
qu'on fait n'est pas juste. D'abord, il est essentiel
de remarquer que non seulement les deux voies
de connaissance qui sont employées sont identiques, mais encore que les perceptions sont de
nature identique. Il n'y a point ici d'opposition
entre le physique et le mental. Ce qu'on compare, ce
sont deux phénomènes qui tous deux sont mixtes :
physico-mentaux, physiques par l'objet auquel ils
s'appliquent, mentaux par l'acte de connaissance

qu'ils impliquent. Percevoir un objet dans la plaine et percevoir un état dynamique du cerveau sont deux opérations qui supposent chacune un acte de connaissance ; et, de plus, l'objet de cette connaissance est aussi matériel dans un cas que dans l'autre ; un troupeau de moutons est de la matière, tout autant que mon cerveau.

Sans doute, ce sont là des objets qui diffèrent ; mon observateur et moi nous n'avons pas la même perception. J'en conviens, mais je ne m'en étonne pas. Comment nos deux perceptions pourraient-elles être semblables ? Je regarde des moutons, et lui regarde l'intérieur de mon cerveau. Ce n'est pas étonnant que, regardant des objets aussi différents, nous recevions des images différentes aussi. Ou encore, si on préfère ce tour d'exposition, nous dirons : l'individu A regarde le troupeau par l'intermédiaire de son système nerveux, tandis que l'individu B le regarde par l'intermédiaire de deux systèmes nerveux, mis comme bout à bout (pas tout à fait), son système nerveux d'abord, et ensuite celui de l'individu A. Comment donc pourraient-ils éprouver la même sensation ?

Ils ne pourraient avoir une sensation identique que si on conservait l'idée des anciens, qui comprenaient la perception externe des corps comme résultant de parcelles se détachant des corps et après un

vol plus ou moins long venant frapper nos organes
des sens et s'y engageant. Figurons-nous, rien
qu'un moment, un de nos nerfs, le nerf optique,
par exemple, transformé en tube creux dans
lequel chemineraient ces émissions de miniatures.
Alors, bien évidemment, si une disposition aussi
étrange se réalisait, et si le personnage B pouvait
voir ce qui coule dans le nerf optique du personnage A, il aurait une sensation à peu près analogue à celle du personnage A. Quand A verrait un
chien, un mouton, un berger, B verrait aussi
dans le canal optique un défilé de chiens minus-
cules, de moutons microscopiques et de bergers
lilliputiens. C'est au prix de cette conception
enfantine qu'on pourrait admettre une parité de
contenu dans les sensations de nos deux specta-
teurs A et B. Mais je n'insiste pas.

Les considérations qui précèdent me paraissent
avoir expliqué la différence qu'on relève d'ordinaire entre la pensée et le processus physiologique. Ce n'est point une différence de nature,
une opposition de deux essences ou de deux
mondes : c'est tout simplement une différence
d'objet, tout juste ce qui sépare ma perception
visuelle d'un arbre et ma perception visuelle d'un
chien. Il reste à savoir comment nous comprenons la relation de ces deux processus, c'est

un autre problème que nous examinerons plus
loin.

Puisque le contenu ne nous fournit pas la dif-
férenciation cherchée, abandonnons les définitions
de la psychologie par le contenu. Que reste-t-il
donc encore? Il reste les définitions par le point
de vue.

Un même fait peut être envisagé, comme un
paysage, à des points de vue différents, et il
paraît différent avec le changement de point de
vue. Il en est ainsi pour les faits que nous jugeons
psychiques.

L'autonomie de la psychologie serait une affaire
de point de vue.

On a donc admis, et c'est là une proposition
très importante, que la caractéristique des faits
psychiques ne consiste pas en ce qu'ils forment
une classe d'événements particuliers; leur caractéristique est d'être étudiés dans leur dépendance
avec les individus qui les accomplissent. Cette
affirmation intéressante n'est pas nouvelle; elle se
lit dans les ouvrages de Mach, de Külpe, de Müns-
terberg et en particulier d'Ebbinghaus, auquel
j'emprunte les lignes suivantes, qui sont d'une
netteté tout à fait remarquable : « La psychologie
ne se distingue pas des sciences telles que la physique et la biologie, qu'on lui oppose d'ordinaire
avec raison, par un contenu différent, comme par

exemple la zoologie se distingue de la minéralogie
ou de l'astronomie; elle a le même contenu, mais
le considère d'un point de vue différent et dans un
autre but. Elle est la science, non d'une partie
donnée du monde, mais du monde entier, considéré toutefois sous un certain rapport. Elle étudie
dans le monde les formations, les processus, les
rapports dont les propriétés sont essentiellement
déterminées par les propriétés et les fonctions
d'un organisme, d'un individu organisé... La psychologie, en somme, considère le monde d'un
point de vue individuel, subjectif, tandis que la
physique l'étudie comme s'il était indépendant de
nous ».

A ces définitions par le point de vue, on pourrait présenter quelques petites chicanes; car ceux
qui définissent ainsi la psychologie ne sont pas
toujours conséquents avec eux-mêmes; dans
d'autres passages de leurs écrits, ils ne se font pas
faute d'opposer les phénomènes psychiques aux
phénomènes physiologiques, ils proclament l'hétérogénéité irréductible de ces deux ordres de phénomènes, et l'impossibilité de voir dans la physique la cause productrice du moral. Ebbinghaus
est certainement un des modernes qui ont le plus
fortement insisté sur ces idées d'opposition entre
le physiologique et le psychique, et il est un dua-
liste convaincu. Or, je ne comprends pas bien en

quoi peut consister le principe d'hétérogénéité,
pour un esprit qui admet, d'autre part, que la
psychologie ne diffère pas des sciences physiques
par son contenu.

Du reste, je me borne ici à critiquer les conséquences et non le point de départ. La définition
du phénomène psychique par le point de vue me
paraît juste, quoiqu'elle ait plus de netteté que de
clarté ; car elle repose surtout sur une métaphore
matérielle, et l'expression point de vue ne s'applique guère qu'aux changements de perspective
fournis par des objets visibles.

Il serait plus juste de dire que la psychologie
étudie spécialement certains objets de connaissance, ceux qui ont le caractère de représentations (souvenirs, idées, concepts), les émotions,
les volitions, et les influences réciproques de ces
objets entre eux; elle étudie donc une partie du
monde matériel, de ce monde qu'on a appelé
jusqu'ici psychologique parce qu'il ne tombe pas
sous les sens, qu'il est subjectif et inaccessible
aux autres que nous; elle étudie les lois de ces
objets, lois qu'on a appelé des lois mentales[1].

Ces lois on ne les retrouve, pour parler vulgai

1. Je suis obligé, bien à regret, d'employer dans tout ce passage une expression qui est équivoque, celle de loi mentale,
ou de loi de conscience ou de loi psychologique. Je désigne par
là les lois de contiguïté et de similarité; comme elles résultent

rement, ni dans la physique, ni dans la biologie ;
elles constituent pour nous une connaissance à
part de celle du monde de la nature. L'association
par ressemblance, par exemple, est une loi de
conscience, c'est une loi psychologique, qui n'a
pas d'application ni de pendant dans le monde de
la physique, ni de la biologie. On peut donc
résumer ce qui précède en disant que la psychologie est l'étude d'un certain nombre de lois, de
relations, de rapports.

Quant au caractère particulier qui distingue les
lois mentales des lois physiques, on peut le formuler, avec William James, en disant que l'essentiel de la loi mentale est d'être téléologique ; ou, si
l'on préfère, l'activité mentale est une activité
finaliste, qui se dépense, comme volonté, dans la
poursuite des fins à venir et comme intelligence
dans le choix des moyens jugés capables de
servir à ces fins. Un acte d'intelligence se reconnaît à ceci qu'il vise un but et qu'il emploie à ce
but un moyen choisi parmi plusieurs autres :
finalité et intelligence sont synonymes. Par opposition à la loi mentale, la loi physique est méca-

des propriétés des images, et que celles-ci sont de nature matérielle, ce sont bien des lois physiques et matérielles, comme
les lois de la nature externe. Mais comment appeler toutes ces
lois des lois physiques, sans courir le risque de les confondre
les unes avec les autres ?

nique; entendons par cette dernière expression
tout simplement l'absence de finalité.

Finalité, opposée à mécanisme, telle est l'expression la plus concise et aussi la plus vraie dans
laquelle il faut chercher ce qui constitue le
propre de la psychologie et des sciences morales,
le caractère essentiel par lequel les faits psychologiques se séparent des faits physiques.

Je pense utile d'insister un peu sur les lois mentales que je viens d'opposer aux lois physiques, et
qui ont pour but d'assurer la préadaptation et de
constituer une finalité. On ne saurait en exagérer
l'importance. Grâce à sa puissance de préadaptation, l'être doué d'intelligence acquiert un avantage
énorme sur tout ce qui ne raisonne pas. Sans
doute, comme on l'a remarqué avec finesse, la
sélection naturelle ressemble à une finalité, car
elle aboutit à une adaptation des êtres à leur
milieu. Il y a donc à la rigueur une finalité sans
intelligence. Mais l'adaptation qui en résulte est
une adaptation brutale, par élimination de tout ce
qui ne réussit pas à s'adapter : c'est une tuerie. Le
finalisme vrai épargne bien des morts, des souf-
frances, des avortements [1].

Examinons donc le procédé de la préadaptation;

1. Voir un article très intéressant de E. Goblot, *la Finalité
sans intelligence*, *Revue de Métaphysique*, juillet 1900.

il nous permettra de bien saisir, non seulement la
différence entre la loi physique et la loi psychique,
mais la raison pour laquelle la loi psychique arrive
à se mouler en quelque sorte sur la loi physique.

Le moyen de la préadaptation est, si on prend
l'affaire dans son maximum de simplicité, de con-
naitre les sensations avant qu'elles n'aient été
éprouvées.

Or, si l'on réfléchit que toute prévision suppose
une connaissance préalable de la marche probable
des événements, on comprend que le rôle de l'intelligence consiste à se pénétrer des lois de la
nature, pour en imiter le jeu. Par les lois de la
nature, entendons ici seulement cet ordre des sensations réelles qu'il suffit de connaître pour satisfaire les besoins de la vie pratique. C'est cet ordre
qui sans cesse présente pour nous des lacunes,
soit que la sensation qu'il nous importe de connaître soit séparée de nous par la barrière de
l'espace ou la barrière du temps, ou par la complication de sensations inutiles. De là, la nécessité
des interpolations. Ce que nous ne percevons pas
directement par nos sens, nous sommes obligés
de nous le représenter par notre intelligence ;
l'image fait office de sensation, et supplée la sensation défaillante pour tout ce qui concerne l'adap-
tion.

Remplacer la sensation inaccessible par l'image

correspondante, c'est donc créer en nous une
représentation du monde extérieur, qui est, sur
les points les plus utiles pour nous, plus complète
que la présentation directe et sensorielle du moment. Il y a en nous un pouvoir de création, et ce
pouvoir s'exerce dans l'imitation de l'œuvre de la
nature ; il en imite l'ordre, il refait en petit, sur
une échelle à notre portée, le grand ordre extérieur des événements. Or, ce travail d'imitation
n'est vraiment possible que si l'imitateur a quelque analogie de moyens avec le modèle.

Notre esprit ne pourrait pas deviner les desseins
de la nature, si les lois des images n'avaient rien
de commun avec les lois de la nature. Nous sommes ainsi amenés à confronter ces deux ordres de
lois.

Avant de le faire, encore un mot préliminaire.

Nous avons jusqu'ici un peu limité le problème
pour le comprendre. Nous avons réduit l'être psychologique à une seule fonction, la fonction intellectuelle, et à une seule recherche, la vérité.

C'est une erreur qui a été souvent commise, du
reste, qui est aujourd'hui connue et cataloguée, et
qu'on appelle l'intellectualisme ou l'abus de l'intellectualisme. On la commet par cette raison
bien simple que c'est la partie intellectuelle de
notre être qui se laisse le mieux comprendre et,
pour ainsi dire intellectualiser. Mais c'est laisser en

dehors de la question une partie si importante,
si éminente de notre tout mental, que si on
supprimait cette partie, l'intelligence cesserait de
fonctionner et n'aurait pas plus d'utilité qu'une
machine sans moteur. Notre moteur à nous, c'est
la volonté, c'est le sentiment, c'est la tendance. La
volonté est peut-être la fonction psychique la plus
caractéristique, puisque, comme nous avons déjà
eu l'occasion de le dire, on n'en trouve point d'analogue dans le monde de la nature. Ne séparons
donc pas la volonté de l'intelligence, incarnons-les
l'une dans l'autre, et, au lieu de représenter la
fonction de l'esprit comme ayant pour but de connaître, de prévoir, de combiner des moyens et de
s'adapter, nous serons plus près de la vérité en
nous représentant un être qui *veut* connaître, qui
veut prévoir, qui *veut* s'adapter, car, au fond, il
veut vivre.

Ceci dit, comparons la loi psychologique et celle
de la nature. Sont-elles identiques ?

Non, dira-t-on, puisqu'en fait des erreurs se
commettent à chaque instant, par défaillances de
la raison humaine. Voilà la première idée qui
vient. L'erreur humaine, semble-t-il, est la meilleure preuve que ces deux lois ne sont pas
pareilles ; et on ajoutera volontiers que la pierre
qui tombe ne se trompe point de chemin, que le
cristal qui s'ébauche ne se trompe point de forme

cristalline, parce qu'ils forment une partie de la
nature physique et sont soumis, par conséquent,
à son déterminisme. Mais c'est mal raisonner. Et
un petit moment de réflexion le démontre de la
façon la plus claire, car l'adaptation peut manquer
son but sans que l'être qui s'adapte et son milieu
obéissent nécessairement à des lois différentes.
Quand les chaleurs d'un printemps précoce font
éclater trop tôt les bourgeons qui sont ensuite
détruits par la gelée, il se produit là un défaut
d'ajustement qui ressemble à une erreur d'adaptation, et la production de cette erreur n'exige point
que l'arbre et l'ensemble de la nature physique
obéissent à des lois différentes. Du reste, la différence entre les lois de la nature et celles de
l'entendement n'a pas besoin d'être déduite
par raisonnement d'un principe abstrait, il vaut
mieux dire qu'elle est directement observable
et voici comment je trouve qu'elle se présente à
nous.

La loi essent'elle de la nature est relativement
facile à formuler, elle est renfermée dans la définition même de loi. Elle consiste simplement en
ceci : l'uniformité dans des conditions pareilles.

On peut dire encore : un rapport constant entre
deux phénomènes ou plusieurs. Ce qu'on pourrait
aussi exprimer d'une manière plus abstraite, en
remarquant que la loi de la nature repose sur la

15.

combinaison de deux notions : l'identité et la constance.

D'autre part, les lois de notre activité psychique
répondent partiellement aux mêmes tendances, et
il serait facile de démontrer que le microcosme
de nos pensées est gouverné par des lois qui sont,
elles aussi, une expression de ces deux notions
combinées de constance et identité. C'est surtout
dans le fonctionnement de la machine intellectuelle, le mieux connu, le plus clairement analysé
jusqu'ici, que nous voyons l'application de cette
loi mentale qui ressemble, disons-nous, par certains côtés, à la loi physique ; et ce qu'il y aurait
de mieux à faire pour notre démonstration, ce
serait sans doute de décomposer nos raisonnements. Le raisonnement, procédé essentiel de la
pensée en marche, se développe selon une loi qui
ressemble de la manière la plus curieuse à une
loi physique ; elle lui ressemble assez pour l'imiter, pour s'y conformer, pour se mouler en quelque sorte sur elle.

Or, le raisonnement ne se fait pas selon les
caprices de la pensée ; il est soumis à des règles ;
il résulte des propriétés des images, ces propriétés
que nous avons rappelées plus haut, et dont nous
avons reconnu le caractère matériel ; ces propriétés qui sont principalement au nombre de deux,
la similarité et la contiguïté, comme on dit dans

le jargon de l'école. Ce sont des propriétés qui ont
pour but de rapprocher, d'unir, de synthétiser;
elles sont sans cesse en œuvre, et si apparentes
dans leur travail, qu'on les connaît depuis un
temps bien long. Nous savons, depuis Aristote,
que deux faits perçus ensemble se reproduisent
ensemble dans la mémoire, c'est la loi de contiguité; et que deux faits perçus séparément, mais
semblables, se rapprochent dans notre esprit,
c'est la loi de similarité.

Eh bien! similarité et contiguité, en se combi-
nant, forment l'essentiel de toute espèce de raisonnement, et ce raisonnement, ainsi compris,
fonctionne d'une manière qui ressemble beaucoup
(nous verrons avec précision dans quelle mesure)
à une loi physique. Voilà ce que nous voudrions
montrer en quelques mots. Ce qui rend notre
démonstration difficile, et peut-être obscure, c'est
que nous nous trouvons obligés ici d'établir des
rapprochements un peu inattendus entre des catégories de phénomènes que, généralement, on considère à part.

Le propre du raisonnement, disons-nous, est la
mise en œuvre de ces deux propriétés élémentai-
res, similarité et contiguité. Il consiste, en effet, à
étendre la continuité par la similarité; il consiste
à douer ce qui se ressemble de propriétés identiques, d'accompagnement pareils ; il consiste, en

d'autres termes, à affirmer implicitement que, du
du moment que deux éléments sont identiques en
un point, ils le sont pour tout le reste. C'est ce
qu'on comprend assez bien, si on imagine ce qui
doit se passer lorsque des images mentales, ayant
les propriétés que nous venons de dire, se rencontrent. Supposons que B soit associé à C, et que
A ressemble à B. Par suite de leur ressemblance,
le passage de A à B est facile; et ensuite, par contiguité, B suggérant C, il se trouve que ce C est
associé avec A; il lui est associé, bien qu'en réalité
ils n'aient jamais été expérimentés ensemble : je
dis qu'ils sont associés sur le fondement de leur
relation avec B, qui est le point de ralliement..
C'est ainsi que voyant un morceau de fer rouge
(A), je conclus qu'il est chaud (C), parce que je
me rappelle distinctement ou inconsciemment un
autre morceau de fer rouge (B) dont j'avais, une
fois, expérimenté la chaleur : c'est ce souvenir B
que les logiciens, dans leur analyse des raisonnements logiques, verbaux, solennels, appellent le
moyen terme. Notre représentation du procédé du
raisonnement n'est pas spéciale au raisonnement;
elle exprime aussi le procédé de l'invention, et
toute espèce de marche du connu vers l'inconnu ;
c'est une activité qui crée des rapports, qui assem-
ble, qui noue, et les connexions entre représentations différentes sont faites grâce à leurs iden-

tités partielles, fonct. nnant comme des soudures.

Et on comprend maintenant que ces créations de rapports entre des images ressemblent curieusement à l'ordre externe, l'ordre de nos sensations, l'ordre de la nature, la loi physique : c'est que la loi physique, elle aussi, ? le même caractère et s'exprime sembljblement : « Tout ce qui se ressemble a les mêmes propriétés » ou « tout ce qui se ressemble sur un point se ressemble sur tous les autres points. »

Mais, tout de suite, on s'aperçoit de la différence entre la loi physique et la loi mentale. La formule que nous donnions n'est vraie qu'à la condition de faire beaucoup de restrictions et de distinctions.

Le procédé de la nature est de faire que le *même* phénomène se déroule toujours dans le même ordre. Mais ce procédé ne se laisse pas prendre constamment sur le vif, car il est caché à nos yeux par les multiples combinaisons du hasard ; dans la réalité que nous percevons, il y a une foule de phénomènes qui se ressemblent et qui cependant ne sont réellement pas les mêmes ; il y a une foule de phénomènes qui coexistent ou se suivent, par coïncidence fortuite, sans que leur ordre de succession ou de coexistence soit nécessaire et constant. En d'autres termes, il y a des ressemblances qui sont des marques de quelque chose, dirait un logicien, et d'autres qui e sont les marques de

rien ; il y a des relations de temps et d'espace qui
sont l'expression d'une loi, il y en a qui sont accidentelles et ne se reproduiront peut-être jamais
plus.

Il serait d'un intérêt suprême que chaque spécia-
liste scientifique fît la liste des propriétés non
significatives qu'il reconnaît dans la matière. Le
chimiste nous montrerait, par exemple, que le
poids spécifique n'a guère de valeur pour le dia-
gnostic ; que la forme cristalline d'un sel ne lui est
souvent pas propre ; que sa couleur surtout est
assez banale, car un nombre immense de sels sont
blancs ou incolores ; la précipitation par une substance donnée ne suffit pas d'ordinaire pour caractériser un corps, et ainsi de suite. Le botaniste
nous montrerait, lui aussi, que, dans la détermi-
nation des plantes, la dimension absolue est moins
importante que la proportion, la couleur moins
importante que la forme, certaines structures d'organe moins importantes que d'autres. Le patho-
logiste nous apprendrait que la plupart des
symptômes pathologiques n'ont qu'une valeur
banale ; les cris, l'énervement, l'agitation d'un
malade, son délire même, qui impressionnent
tellement son entourage, sont moins caracté-
ristiques de la fièvre que la vitesse du pouls, la
vitesse du pouls l'est moins que la température
de l'aisselle ou que la sécheresse de la langue, etc.

A chaque instant, l'étude de la science révèle des ressemblances de faits et des contiguités de faits qu'il faut négliger, pour s'attacher à d'autres. Et si on passe de cette connaissance approfondie des objets à la connaissance empirique, à la perception extérieure des corps, c'est en nombre immense qu'on surprend autour de soi ces pièges de la nature. Le son qu'on entend ressemble à plusieurs autres qui sont tous produits par des causes différentes ; plusieurs de nos sensations visuelles se prêtent, elles aussi, aux interprétations les plus diverses ; à côté de la cause efficiente d'un événement, nous trouvons mille contingences enchevêtrées qui paraissent tellement importantes, que, pour démêler cet écheveau, nous sommes aussi embarrassés que le sauvage qui, ne sachant pas faire le départ entre les causes et les contingences, revient boire à la source qui l'a guéri en observant la même heure, en faisant les mêmes gestes, en s'affublant des mêmes oripeaux.

C'est que la faculté de similarité et la faculté de contiguité ne font pas la distinction, pourtant si nécessaire, entre les ressemblances et les coexistences qui sont significatives, et celles qui ne le sont pas. Le nexus causal entre deux phénomènes n'est point perçu comme quelque chose à part, et *sui generis ;* il n'est même pas perçu du tout ; nous ne percevons que leur relation dans le temps et

dans l'espace, et c'est notre esprit qui érige une
succession à la hauteur d'un lien de causalité, en
intercalant entre la cause et l'effet quelque chose
de ce que nous ressentons nous-mêmes, lorsque,
volontairement, nous commandons un mouvement. Ce n'est pas ici le lieu de chercher quelles
sont les conditions expérimentales dans lesquelles
nous faisons subir aux phénomènes cette transformation anthropomorphique ; il suffit pour
nous, en ce moment, de répéter que, dans la
perception, une relation de phénomènes, qui est
le fait du hasard, nous impressionne de la même
manière que lorsqu'elle est l'expression d'une loi.

Notre machine intellectuelle tantôt fonctionne
d'accord avec la loi externe, tantôt se trompe et
marche à faux. On est alors obligé de la corriger,
essayer un ajustement meilleur, soit par une expé-
rimentation plus approfondie de la nature (métho-
des de concordance, de discordance, de variations,
etc., etc.), soit par une comparaison de jugements et de raisonnements différents dont on fait
la synthèse, et cette collaboration de plusieurs
activités conformes aboutit à une conclusion qui
ne peut jamais représenter la vérité, mais seulement la vérité probable. L'étude des lois de l'esprit nous montre, en effet, trop clairement leur
flottement par rapport aux lois de la nature pour
que nous n'acceptions pas le probabilisme. Il

n'existe point, jamais de certitude, mais des degrés de probabilité très variés. La pratique de tous les jours se contente d'une probabilité très faible ; la logique judiciaire en demande une, un peu plus élevée, surtout lorsqu'il s'agit de priver nos semblables de la liberté et de la vie ; la science réclame une probabilité encore plus grande. Mais il n'y a jamais que des différences de degrés dans la vraisemblance et la conjecture.

Voilà donc quelle est la définition que nous nous faisons de la psychologie; elle étudie un certain nombre de lois, que nous appelons mentales pour les opposer aux lois de la nature externe, dont elles diffèrent, mais qui, à proprement parler, ne méritent pas cette qualification de mentales, puisque ce sont, du moins celles qu'on connaît le mieux, des lois des images, et que les images sont des éléments matériels. Bien que cela paraisse absolument paradoxal, la psychologie est une science de matière, la science d'une portion de matière qui a la propriété de préadaptation.

LIVRE III

L'UNION DE L'AME ET DU CORPS

CHAPITRE I

L'esprit a une vie incomplète.

Le problème de l'union de l'esprit et du corps n'est point de ceux qui se posent dans la spéculation pure ; il a sa racine dans les faits d'expérience, et il nous est imposé par la nécessité d'expliquer des observations de la nature de celles que nous allons citer.

La force de notre conscience, la rectitude de notre jugement, notre humeur, notre caractère, l'état de santé de notre esprit, et aussi ses troubles, ses défaillances, et même son existence sont dans un état de sujétion étroite avec l'état de notre corps, plus précisément avec l'état de notre système nerveux, plus précisément encore avec l'état de ces trois livres de substance protéique que chacun de nous a là, derrière son front, et que nous appelons notre cerveau. Voilà ce que mille et mille observations démontrent tous les jours.

La question est de savoir comment cette union du corps avec la conscience doit être expliquée, étant donné que les deux termes de cette union présentent une grande différence dans leur nature. Autant il paraît facile de démontrer que cette union existe, autant il paraît difficile d'expliquer comment elle se réalise ; et la preuve de cette difficulté, c'est le nombre des interprétations divergentes qui ont été données. S'il s'agissait d'une simple question de fait, on ne verrait pas les discussions et les controverses s'éterniser ainsi.

Beaucoup de problèmes se posent ici.

Le premier est celui de la genèse ou de l'origine de la conscience ; il faut expliquer comment un phénomène psychique peut apparaître au milieu des phénomènes matériels. En général, on commence par admettre que ces phénomènes matériels se produisent les premiers ; ils consistent par exemple dans un fonctionnement des centres nerveux. Tout cela est physique, ou chimique, donc matériel. Ensuite, à un certain moment, après ce processus mécanique, on voit émerger un phénomène tout différent, c'est de la pensée, de la conscience, de l'émotion. On se demande alors s'il est

possible d'expliquer cette production de la pensée
dans un milieu de phénomènes physiques; comment la pensée est-elle rattachée à ses antécédents
physiques? Quelle est la nature du lien qui les
unit? Est-ce un rapport de cause à effet, de
genèse? Ou une coïncidence? Ou un commerce
de deux pouvoirs distincts? Ce rapport est-il constant, nécessaire? L'esprit peut-il jouir d'une existence indépendante du cerveau? Peut-il survivre
à la mort du cerveau?

La seconde question est celle de savoir quel est
le rôle, l'utilité, l'efficacité du phénomène psychique
Une fois formé, ce phénomène évolue dans un certain sens, et prend pour nous qui en avons conscience, une très grande importance. Quelle est
son action sur les phénomènes matériels du cerveau qui l'entourent? Se développe-t-il selon des
lois propres, qui n'ont aucun rapport avec les
lois de fonctionnement du cerveau? Exerce-t-il
une action sur ce fonctionnement intra-cérébral?
Exerce-t-il une action sur les courants centrifuges
qui se rendent dans les nerfs moteurs? Est-il
capable de provoquer un mouvement? Ou bien est-
il dépourvu de toute efficacité?

Nous allons examiner sommairement les principales solutions que l'imagination des hommes a
trouvées pour résoudre ces problèmes si difficiles.
Quelques-unes de ces solutions, les plus connues,

16.

portent les noms de spiritualisme, matérialisme, parallèlisme et monisme. Nous parlerons de celles-là, et d'autres encore.

Avant de commencer notre exposé critique, rappelons quelques-uns des résultats de nos précédentes analyses, qui se présentent ici, pour employer le langage ambitieux de Kant, comme des prolégomènes à toute solution future qui prétendra au titre de science. En effet, nous ne sommes plus maintenant au début de notre investigation. Nous avons dû convenir de l'exactitude de certains faits, et nous sommes obligés d'en admettre les conséquences. Notamment, la définition des phénomènes psychiques à laquelle nous sommes parvenus non sans peine va jouer désormais dans notre discussion un rôle assez grand. Elle va nous forcer à mettre en question un grand principe de métaphysique qui, jusqu'ici a été considéré presque universellement comme gouvernant le problème de l'union de l'esprit avec le corps.

Ce principe porte le nom *d'axiome d'hétérogénéité*, ou principe du *dualisme psychophysique*. Aucun philosophe ne l'a plus clairement formulé et n'en a plus logiquement déduit les conséquences que Flournoy. Cet auteur a écrit une petite brochure, intitulée *Métaphysique et Psychologie*, où il expose brièvement tous les systèmes connus de métaphy-

sique, en les ramenant au principe dit d'hétérogénéité; puis ce principe lui permet de les « exécuter » Il le formule dans les termes suivants :
« Le corps et l'esprit, la conscience et le mouvement moléculaire cérébral, le fait psychique et le
fait physique, tout en étant simultanés, sont hétérogènes, disparates, irréductibles, obstinément
deux [1] ».

Et le même auteur ajoute :

« Cela est évident de soi, axiomatique. Tout
évènement physique, chimique, physiologique, ne
consiste en dernier ressort pour la science que
dans le déplacement plus ou moins rapide d'un
certain nombre d'éléments matériels, dans un
changement de leurs distances mutuelles ou de
leurs modes de groupement. Or, qu'y a-t-il de commun, je vous le demande, quelle analogie aper-
cevez-vous entre ce rapprochement ou cet écarte-
ment de masses matérielles dans l'espace, et le
fait d'avoir un sentiment de joie, le souvenir d'un
ami absent, la perception d'un bec de gaz, un
désir, une volonté quelconque ? »

Plus loin :

« Tout ce qu'on peut dire pour relier ces deux
évènements si absolument dissemblables, c'est

1. *Métaphysique et Psychologie,* Genève, 1890. p. 17.

qu'ils ont lieu *en même temps...* Cela n'a pas de
. sens de vouloir les réduire à l'unité, ou les attacher
ensemble par lien de causalité... il est impossible
de concevoir aucune connexion réelle, aucun rapport interne, entre ces deux choses disparates. »

N'hésitons pas à nous inscrire en faux contre
cette proposition qui nous est présentée comme un
axiome; à y regarder de près, on s'aperçoit que le
principe d'hétérogénéité ne contient pas les conséquences qu'on cherche à y rattacher. Il me parait
qu'on doit le décomposer en deux propositions de
valeur très inégale : 1º l'esprit et le corps sont
hétérogènes; 2º en vertu de cette hétérogénéité,
on ne peut comprendre aucune relation directe entre
les deux.

Or si la première proposition est absolument
juste, entendue en ce sens que conscience et matière sont hétérogènes, la seconde proposition nous
paraît être contraire directement aux faits, qui
nous démontrent que les phénomènes de conscience
sont des phénomènes incomplets; la conscience
ne se suffit pas, avons-nous dit, elle ne peut pas
exister par elle-même. C'est là aussi, si on veut,
un axiome; ou plutôt, c'est un fait que l'observation nous montre, et que la réflexion confirme :
l'esprit et la matière, ramenés à l'essentiel, à la
conscience et à son objet, forment un tout natu-

rel, et la difficulté ne consiste pas à les unir, mais
à les séparer.

Soit le fait suivant : « J'éprouve une sensation,
et j'en ai conscience ». C'est l'accouplement de
deux choses : une sensation et une connaissance.

Les deux éléments, si on y tient, sont hétérogènes, ils diffèrent qualitativement ; mais, malgré
le préjugé courant d'après lequel on ne saurait
comprendre aucune relation directe, aucun commerce entre faits hétérogènes, l'alliance de la conscience et de la sensation est le fait naturel et
primitif. On ne les sépare que par l'analyse.

Et un esprit scrupuleux pourrait même demander si on a le droit de les séparer. J'ai une sensation, et j'en ai conscience, ce ne sont pas deux
faits, c'est le même. Or la sensation, c'est la matière, et ma conscience, c'est l'esprit. Je juge un
assortiment d'étoffes ; l'assortiment d'étoffes, ou la
sensation que j'en ai, c'est une parcelle de matière,
un état matériel, et mon jugement sur cette sensation, c'est le phénomène psychique. Nous ne pouvons ni croire, ni désirer, ni faire aucun acte de
notre intelligence sans réaliser cette soudure intime
de l'esprit et de la matière. Ils sont aussi insé-
parables que le mouvement et l'objet qui se meut ;
et cette comparaison, quoique tirée de loin, est
vraiment très commode ; le mouvement ne peut
pas exister sans objet mobile ; et l'objet, au con-

traire, peut exister sans mouvement. De même, la sensation peut exister sans la conscience ; mais on ne comprend pas la proposition inverse, une conscience existant sans la sensation, une conscience sans objet, une conscience vide, ou « une pensée pure ».

Remarquons bien comment nous posons cette union. Nous la décrivons d'après nature. C'est l'observation qui nous révèle l'union et la fusion des deux termes en un seul ; ou plutôt nous ne nous apercevons même pas de leur union, jusqu'au moment où par un procédé d'analyse nous arrivons à nous convaincre que ce qui, d'abord, nous paraissait simple est réellement double, ou si l'on préfère, dédoublable par le raisonnement sans l'être dans la réalité. Ainsi, il se trouve que nous portons sur le terrain de l'observation ce gros problème de métaphysique.

Notre solution ressemble vaguement à celle qu'on a présentée quelquefois sous le nom ancien *d'influx physique*, sous le nom plus moderne *d'interactionisme*. Il y a beaucoup d'auteurs qui soutiennent que l'âme peut directement agir sur le corps et le modifier, et c'est là ce qui s'appelle l'interactionisme ; on entend par là, si je ne m'abuse, une action de cause à effet, se produisant entre deux termes qui jouissent, vis à vis l'un de l'autre, d'une certaine indépendance. Cette inter-

prétation est incontestablement voisine de la nôtre,
mais ne se confond pas avec elle. Notre interprétation personnelle écarte l'idée de toute indépendance de l'esprit, puisqu'elle attribue à l'esprit une
existence incomplète, et comme virtuelle.

S'il nous fallait chercher une parenté d'idées,
nous nous réclamerions plus volontiers d'Aristote.
Ce n'est pas sans surprise que nous avons pu nous
convaincre que la théorie précédente des relations
de l'âme et du corps, se trouve presque entièrement
chez le grand philosophe. Il est vrai qu'elle s'y mêle
à beaucoup d'idées accessoires qui ont veilli et que
nous répudions aujourd'hui ; mais l'essentiel de la
théorie y est très clairement formulé, et c'est l'important. Quelques détails à ce sujet ne seront pas
déplacés. Nous les donnons, non d'après les sources
originales, que nous ne sommes pas assez érudit
pour consulter nous-même, mais d'après la savante
étude que Bain a publiée sur la psychologie d'Aristote, en appendice à son ouvrage sur les Sens et
l'Intelligence.

Toute la métaphysique d'Aristote est dominée
par la distinction entre la forme et la matière ;
cette distinction est empruntée au fait le plus
familier du monde sensible, la forme des objets
solides. Nous pouvons nommer la substance sans
nous occuper de la forme qu'elle revêt, et nous
pouvons nommer la forme sans nous occuper

de la substance qu'elle moule. Mais cette distinction est une pure abstraction, car il ne peut y
avoir aucune séparation réelle entre la forme et la
matière ; nulle forme sans matière, nulle matière
sans forme. Les deux termes sont corrélatifs ;
chacun d'eux implique l'autre, et aucun ne peut
être réalisé ou actualisé sans l'autre. Chaque
substance individuelle peut être considérée à un
point de vue triple : 1° la forme, 2° la matière,
3° le composé ou agrégat de forme et de matière,
l'Ens inséparable qui nous transporte hors du
domaine de la logique et de l'abstraction dans celui
de la réalité.

Aristote reconnaît entre ces deux corrélatifs
logiques une différence de rang. La forme est supé-
rieure, plus noble, la première en dignité, plus
rapprochée de l'entité parfaite ; la matière est infé-
rieure, plus modeste, plus éloignée de la perfec-
tion. A cause de son infériorité hiérarchique, la
matière est souvent présentée comme la seconde,
ou le *correlatum*, tandis que la forme est la première, ou le *relatum*. Cette différence de rang est
si fortement accusée que ces deux corrélatifs se
conçoivent aussi sous une forme différente, celle
du potentiel et de l'actuel. La matière est l'élément potentiel, imparfait, ébauché, qui n'est pas
encore actuel, et ne le deviendra peut-être jamais.
La forme est l'actuel, l'énergie, l'entéléchie, qui

actualise le potentiel et détermine le composé
final.

Après ces quelques définitions, on comprendra
l'idée d'Aristote, singulièrement ingénieuse, sur la
nature du corps et de l'âme et de leur union. Le
corps, c'est la matière, qui n'est intelligible que
comme le correlatum de la forme; elle ne peut ni
exister par elle-même, ni être connue par elle-
même, c'est-à-dire quand on la considère hors de
cette relation. L'âme est la forme, l'actuel. En
s'unissant avec le corps, elle constitue le sujet
vivant. L'âme est le relatum, et elle est inintelligible et dépourvue de sens sans son correlatum.
« L'âme, dit Aristote, n'est pas une variété du
corps, mais elle ne saurait être sans un corps;
l'âme n'est pas un corps, mais quelque chose qui
appartient ou qui est relatif à un corps ». Le sujet
animé est une forme plongée et engagée dans la
matière, toutes ses actions et passions le sont
pareillement. Chacune a son côté formel, qui concerne l'âme, et son côté matériel, qui concerne le
corps. L'émotion qui appartient au sujet animé,
ou agrégat d'âme et de corps, est un fait complexe
qui a deux aspects qu'on peut logiquement distinguer l'un de l'autre, mais dont chacun est corré-
latif de l'autre, et l'implique. Il en est ainsi non
seulement de nos passions, mais aussi de nos perceptions, imaginations, réminiscences, raisonne-

ments, efforts d'attention pour apprendre... L'intelligence, comme l'émotion, sont des phénomènes non de l'organisme corporel simplement, ni du Noûs simplement, mais de la communauté ou de l'association dont ils sont membres, et quand l'intelligence s'affaisse, ce n'est pas parce que le Noûs est altéré, c'est parce que l'association est détruite par la ruine de l'organisme corporel.

Ces quelques notes, dont nous empruntons le texte intégral à Bain, font bien saisir la pensée d'Aristote, et il nous semble que le grand philosophe grec, en faisant de l'âme et du corps deux termes corrélatifs, a trouvé une comparaison d'une grande justesse; j'admire aussi beaucoup son idée d'après laquelle c'est par l'union du corps et de l'âme que le tout, qui jusque là n'était que possible, sort du domaine de la logique, et devient actuel. L'âme actualise le corps, elle en devient, comme il disait, l'entéléchie.

Ces vues se rapprochent trop fortement de celles que je viens d'exposer moi-même pour qu'il soit nécessaire d'insister sur leur ressemblance. Cette ressemblance deviendrait encore plus forte si on séparait de la pensée d'Aristote quelques développements qui ne sont pas essentiels, bien qu'il leur accordât une grande importance; je veux parler de la comparaison incessante qu'il fait avec la forme et la matière des objets corporels. Si heureuse qu'elle soit, cette comparaison n'est qu'une métaphore, qui facilite peut-être l'intelligence de l'idée d'Aristote mais n'est pas essentielle à sa théorie ; j'attache pour ma part bien plus d'importance au caractère relatum et correlatum des deux termes esprit et matière, et à l'actualisation produite par leur réunion.

Ajoutons un autre point de comparaison : la théorie d'Aristote rappelle d'une manière frappante celle de Kant sur les formes a priori de la pensée. La forme de la pensée, ou la catégorie n'est rien sans la matière de la connaissance, et celle-ci n'est rien sans l'application de la forme. « Des pensées sans contenu donné par la sensation sont vides, des intuitions sans concept fourni par l'entendement sont aveugles ».

Il n'y a rien d'étonnant à retrouver ici la même image, puisqu'il s'agit toujours de décrire le même phénomène : la relation de l'esprit avec la matière.

Il nous reste à passer en revue les principaux types de systèmes métaphysiques. Nous allons faire cette discussion en nous servant pour guide du principe que nous venons de dégager, et qui peut se formuler ainsi : *Les phénomènes de conscience constituent un mode incomplet de l'existence.*

CHAPITRE II

Le Spiritualisme et l'Idéalisme.

Flournoy a écrit quelque part que le principal intérêt des systèmes de métaphysique est moins dans les constructions intellectuelles qu'ils élèvent que dans les aspirations de l'esprit et du cœur auxquelles ils répondent. Sans prendre au pied de la lettre cette opinion terriblement sceptique, il serait fort utile de commencer l'étude d'un système métaphysique quelconque par la psychologie de son auteur : on comprendrait mieux la valeur de chaque système, et on en saisirait les raisons.

Ce livre est trop court pour nous permettre d'entrer dans de tels détails de biographie. Nous sommes obligés de prendre les systèmes métaphysiques en bloc, comme des œuvres d'anonymes, et nous en effaçons toutes les nuances, parfois si curieuses, que la pensée de chaque auteur y a introduites.

Cependant, quelle que soit la brièveté de notre exposé, il nous paraît indispensable de toujours indiquer clairement l'idée physique ou l'idée morale qui se cache dans chaque système.

LE SPIRITUALISME

On sait que le spiritualisme est une doctrine qui a pour but principal de relever la dignité de l'homme, en lui reconnaissant des facultés supérieures aux propriétés de la matière. On rencontre constamment dans le spiritualisme la notion du supérieur et de l'inférieur, comprise, non seulement dans un sens intellectuel, mais aussi dans le sens de valeur morale.

On remarquera aussi, comme conséquence du principe précédent, qu'un spiritualiste ne se borne pas à discuter les idées de son adversaire habituel, le matérialiste ; il ne les trouve pas seulement fausses, mais dangereuses, et il s'indigne contre elles ; quelques-uns avouent ingénument qu'ils tiennent ferme à certains principes, parce qu'ils redoutent de verser dans le matérialisme. Je discerne encore dans ce système une horreur bien naturelle de la mort, qui inspire à tant de gens, dont je suis, à la fois de la haine et du dégoût. Le spiritualiste se révolte contre la perspective d'un

anéantissement définitif de la pensée, et le système qu'il adopte s'explique en grande partie
comme un effort vers l'immortalité.

Cet effort a abouti à la théorie de deux substances, l'âme et le corps, qu'on se représente
aussi profondément séparées que possible. L'âme
n'a point son origine dans le corps, elle ne tire du
corps aucune de ses propriétés, elle est une substance créée dans une indépendance complète
relativement au corps ; cette âme, par son essence,
n'a rien de commun avec la matière. L'essence de
l'âme, a dit Descartes, est la pensée ; l'essence du
corps est l'étendue. Il s'ensuit que l'âme, dans
ses déterminations et actions, est affranchie des
lois et nécessités de la nature corporelle ; elle est
un pouvoir libre, un pouvoir d'indétermination,
capable de choix, capable d'introduire des actions
nouvelles, non prévues, non prévisibles, et par là
elle s'oppose aux phénomènes corporels, qui tous
sont soumis à un déterminisme si rigoureux qu'on
pourrait prévoir un événement quelconque si on
en connaissait tous les antécédents. Une autre
conséquence du spiritualisme est d'admettre l'immortalité de l'âme ; celle-ci étant profondément
distincte du corps n'est point atteinte par sa dis-
solution ; elle est au contraire libérée, puisque la
mort coupe le lien qui les réunissait.

Mais il y a un lien, et l'explication de ce lien

entraîne la ruine de tout le système. On est bien
obligé d'admettre que ce principe de la séparation
de l'âme et du corps souffre, en fait, beaucoup
d'exceptions. Quand même ce seraient deux pouvoirs isolés, les nécessités de la vie les obligent
à entrer sans cesse en communication l'un avec
l'autre ; dans les perceptions, c'est le corps qui agit
sur l'âme, et lui envoie des sensations ; dans les
mouvements, c'est l'âme au contraire qui agit sur le
corps, pour lui faire exécuter ses désirs et ses
volontés.

Les spiritualistes doivent avouer qu'ils ont quelque peine à s'expliquer ces commerces entre les
deux substances, car, respectueux du principe
d'hétérogénéité, que nous avons mentionné plus
haut, ils n'arrivent pas à concevoir comment peut
se faire le contact du physique et du mental, qui
est constamment nécessaire dans la vie de relation. Par quel moyen, se demandent-ils depuis
bien longtemps, ce qui n'est qu'étendue peut-il
agir sur ce qui n'est que pensée ? De quelle manière se représenter cette union *locale* de la
matière avec un principe immatériel, qui, par
essence, n'existe pas dans l'espace ? On a si bien
séparé les deux substances, pour assurer la liberté
de l'âme et sa supériorité sur le corps, qu'on
devient incapable de les rapprocher. On a trop
bien coupé. On ne peut plus recoudre.

Telles sont les principales objections qu'on a
faites au spiritualisme. Ces objections dérivent de
points de vue qui ne sont pas les nôtres, et, par
conséquent, nous n'avons pas à les apprécier.

A notre point de vue, la conception spiritualiste
a pris un bon point de départ ; en établissant la
conscience et l'objet de connaissance comme deux
pouvoirs autonomes, dont aucun n'est asservi à
l'autre, le spiritualisme est arrivé à une opinion
d'une justesse irréprochable ; c'est bien ainsi qu'il
faut poser les relations de ces deux termes ; chacun
a la même importance et a droit à la même autonomie[1].

Seulement, le spiritualisme ne s'en est pas tenu
là, et, par une exagération fâcheuse, il a cru que
la conscience, qu'il appelle l'âme, peut exercer
ses fonctions en toute indépendance de l'objet de
connaissance, qu'il appelle la matière. Là est l'erreur ; elle consiste à méconnaître l'existence incomplète, et comme virtuelle, de la conscience. Cette
réfutation suffit au spiritualisme, et il n'y a rien à
y ajouter.

1. Nous n'insistons pas sur la différence entre notre conception et la conception spiritualiste ; notre distinction entre conscience et matière ne correspond point, c'est évident, à celle des
« faits de conscience » et des « faits physiques » que pose le
spiritualisme.

L'IDÉALISME

L'Idéalisme est un système très complexe, très variable d'un savant à l'autre, très polymorphe, et par conséquent très difficile à discuter.

L'hylozoïsme antique, le monadisme de Leibnitz et le récent panpsychisme de M. Strong ne sont que diverses formes d'une même doctrine. Comme le spiritualisme, auquel il se rattache par beaucoup de liens, l'idéalisme est une philosophie qui exprime quelque dédain pour la matière ; mais les pensées qui sont venues demander un abri à cette philosophie sont tellement variées qu'il serait périlleux de chercher à les définir brièvement.

On peut discerner dans l'idéalisme un certain nombre d'affirmations qui servent de base à ce système. Aucune de ces affirmations, à strictement parler, n'est démontrée ni démontrable ; mais elles offrent des degrés de probabilité très différents, et c'est pour cette raison que nous allons les distinguer.

Parmi ces affirmations, il en est quelques-unes que nous avons déjà rencontrées dans notre étude sur la définition de la sensation ; d'autres seront plus nouvelles pour nous :

1° Voici d'abord celle qui paraît relever directement des faits, et a paru constituer longtemps

pour les idéalistes une position inexpugnable. On
peut l'exprimer en deux mots : *esse est percipi.*

Partant de cette observation que toutes les fois
que nous attestons l'existence du monde extérieur,
c'est que nous le percevons, les idéalistes admettent
que l'existence de ce monde extérieur partage exactement le sort de notre perception et qu'il est discon-
tinu, intermittent comme notre perception ; quand
nous fermons les yeux, il cesse d'exister, comme
un flambeau qui s'éteint, et se rallume si nous
ouvrons les yeux. Nous avons discuté déjà cette
proposition et montré qu'elle n'a rien d'impérieux,
on peut très bien refuser de s'y soumettre ;

2° Seconde proposition, à peine distincte de la
première. Il n'y aurait pas autre chose dans les
objets que ce que nous en percevons, et ce dont
nous avons conscience serait, dans toute l'acception possible des mots, la mesure de ce qui est.
Conséquemment, il n'y aurait pas lieu de chercher
sous l'objet perçu une autre réalité, plus large, une
source qui pourrait débiter des connaissances plus
nombreuses que celles dont nous sommes en possession à l'heure actuelle. Ceci est aussi contestable
que l'affirmation précédente, et pour les mêmes
raisons ;

3° Une troisième proposition est le cœur de la
thèse idéaliste ; on la présente parfois comme une
déduction de ce qui précède ; elle en est cepen-

dant bien distincte, et on peut légitimement adhé-
rer aux affirmations précédentes et rejeter la
nouvelle. Celle-ci peut s'exprimer ainsi : *tout ce
qu'on perçoit est psychique.*

Il n'y a pas que les idéalistes qui souscrivent à
cette opinion, d'ailleurs, et nous avons vu, à
propos de là définition de la matière, qu'elle est
fort répandue.

On entend par là que les objets que nous percevons existent dans la conscience, sont de la conscience, sont constitués par des idées ; le monde
entier n'est qu'idée et représentation, et puisque
notre esprit est considéré comme de nature psychique, il en résulte que tout, absolument tout, le
connaissant et le connu, tout est psychique ; c'est
le panpsychisme. Flournoy dit à ce propos, avec
un charme teinté d'ironie : « Nous éprouvons
désormais un doux sentiment de famille, nous
nous trouvons pour ainsi dire chez nous, *at home*,
au milieu de cet univers...[1] » Nous avons montré
plus haut que cette unité à laquelle on atteint est
purement verbale, puisqu'on ne peut pas arriver
à supprimer les différences essentielles des
choses ;

4° Ici, apparaît une affirmation sur la genèse dés
choses : après avoir admis que l'objet est une idée

---

1. *Archives de psychologie*, t. IV, n° 14, nov. 1904, p. 132.
Article sur le Panpsychisme.

de l'esprit, une de ses manifestations, un de ses
modes, on va jusqu'à dire que la conscience est le
pouvoir générateur des idées, et, par conséquent,
la cause génératrice de l'univers. C'est la pensée
qui crée le monde. Voilà la conclusion finale.

J'ai indiqué par avance, dans les chapitres sur la
définition de la sensation et sur la distinction entre
la conscience et l'objet, les raisons qui me font
repousser les prémisses de l'idéalisme. Il suffira
ici de présenter une critique de sa conclusion dernière : « C'est l'esprit qui crée le monde ».

Cette thèse porte atteinte à la dualité conscience
et objet; elle accorde la suprématie à la conscience, en faisant de l'objet un effet ou une propriété de la conscience. Nous pouvons objecter que
cette genèse ne peut pas se représenter clairement,
et cela, pour une raison bien simple ; c'est qu'il
est impossible de se représenter clairement
« l'esprit », comme une entité séparée, et distincte
de la matière. On peut bien affirmer cette séparation, grâce au psittacisme des mots, qui sont ici
employés comme de la fausse monnaie; mais on
ne peut pas se la représenter; elle ne correspond
à rien. La conscience constitue tout ce qu'il y a
de mental au monde; on ne peut pas décrire autre
chose qui soit mental ; or, cette conscience n'existe
qu'en acte; elle est, en d'autres termes, une forme
incomplète de l'existence, qui n'existe point séparée

de son objet, dont le véritable nom est matière.

Il est donc bien difficile de comprendre cette affirmation : « c'est l'esprit qui crée le monde », puisque, pour la comprendre il faudrait se représenter un moment une conscience sans objet.

Et arriva-t-on à se la représenter, on n'en serait pas plus disposé pour cela à donner son assentiment à cette proposition. Conscience et matière représentent pour nous les termes les plus différents, les termes antithétiques de tout le connaissable. Si l'on vient à émettre l'hypothèse que l'un de ces éléments est capable d'engendrer l'autre, aussitôt on doit se demander pourquoi on accordera à tel des deux éléments plutôt qu'à l'autre ce pouvoir générateur et cette prééminence. Qui est-ce qui pourra prétendre que l'une des solutions est plus claire, plus raisonnable, plus vraisemblable que l'autre ?

Un des grands avantages de l'histoire de la philosophie se fait sentir ici ; cette histoire nous montre que des esprits différents, réfléchissant sur les mêmes problèmes, sont arrivés à en concevoir des solutions qui leur paraissaient claires, qui, par conséquent, étaient possibles ; or, comme ce sont des solutions contradictoires, rien ne démontre mieux que leur rapprochement la distance qui sépare la possibilité et le fait. C'est ainsi que les matérialistes, qui ont présenté comme les idéalistes une théorie génétique de l'esprit, ont conçu l'esprit comme produit par la matière ; c'est une conception qui est justement l'opposée de celle des idéalistes. On peut dire que ces deux conceptions, de sens contraire, s'annulent, et que chacun de ces deux systèmes philosophiques nous a rendu service, en démontrant l'erreur du système adverse.

CHAPITRE III

Le Matérialisme et le Parallélisme.

LE MATÉRIALISME

Le matérialisme est une très vieille doctrine, c'est même la plus vieille de toutes, ce qui prouve simplement que parmi les diverses explications qu'on a données de notre double nature physico-mentale, la sienne est la plus facile à comprendre. On trouve l'origine du matérialisme dans les croyances des peuplades sauvages ; on le retrouve très nettement défini dans la philosophie des anciens grecs, de ceux qui ont philosophé avant Platon et Aristote ; fait plus curieux, la pensée d'un grand nombre de pères de l'Eglise a incliné vers la philosophie de la matière. Puis, il y a eu dans son évolution, un moment d'éclipse, et le matérialisme a cessé de faire parler de lui jusqu'à la période contemporaine, où nous assistons à sa

renaissance ; maintenant, il constitue une doctrine
puissante, d'autant plus qu'il s'est introduit subrep-
ticement dans la pensée de beaucoup de savants,
sans que ceux-ci en aient la claire conscience. Il
y a beaucoup de physiciens et de physiologistes
qui parlent et pensent en matérialistes, quoiqu'ils
soient résolus à rester sur le terrain des faits
d'observation, et qu'ils aient une sainte horreur
de la métaphysique.

En un certain sens, on peut dire que le matérialisme est la métaphysique de ceux qui ne veulent
pas en faire.

Il est bien évident que dans sa longue histoire
le matérialisme a changé bien souvent de peau ;
il a subi comme toutes les connaissances la loi du
progrès ; et certes, il ne serait pas de nature à
satisfaire les besoins intellectuels de savants contemporains, s'il n'avait pas dépouillé la grossièreté
des formes sous lesquelles il s'est manifesté d'abord,
dans l'esprit de l'homme primitif. Ce qui fait
cependant qu'à travers tous ses avatars, la doctrine
garde son unité, c'est qu'elle manifeste une tendance, profondément humaine, à s'attacher de
préférence à ce qui est visible et tangible.

Ce qui frappe les yeux, ce qui peut être touché
avec la main, nous paraît, au plus haut point, doué
de réalité ou d'existence. Ce n'est que beaucoup
plus tard, par un travail de réflexion raffinée, que

nous en venons à reconnaître une existence à tout
ce qui peut être perçu, de quelque manière que ce
soit, même une idée ; plus tard encore, que nous
comprenons que l'existence n'est pas seulement ce
qui est perçu, mais ce qui se lie logiquement avec
le reste de notre savoir. Il a fallu bien des progrès
pour en venir là.

Comme nous n'avons nullement l'intention de
présenter une histoire, même abrégée, du matérialisme, arrivons de suite à la période contemporaine,
et essayons de dire en quoi consiste la forme
scientifique qu'a prise cette doctrine. Son point
d'appui fondamental n'a point changé ; elle repose
encore sur la tendance que nous avons à accorder
la première importance à ce qui se voit et à ce
qui se touche ; elle est un effet de l'hégémonie de
trois de nos sens, le visuel, le tactile, le musculaire.

Le développement extraordinaire qu'ont pris les
sciences physiques a donné, c'est incontestable,
un encouragement énorme au matérialisme ; et on
peut dire que dans la philosophie de la nature, il
occupe une place privilégiée, il est là dans son
domaine, il est inattaquable.

Il est devenu l'expression de cette idée que
tout ce qui peut s'expliquer scientifiquement, tout
ce qui est susceptible de mesure, est phénomène
matériel. Il est la représentation de l'explication

18.

matérielle poussée jusque dans ses dernières limites, et toutes les expériences, tous les calculs, toutes les inductions qui reposent sur le grand principe de la conservation de la matière et de l'énergie plaident en sa faveur.

Nous allons examiner avec quelque précision, comment une pareille doctrine résoud le problème de l'existence des fonctions intellectuelles.

La doctrine a compris cette liaison comme étant purement matérielle, et elle en a cherché l'image dans d'autres phénomènes qui sont entièrement matériels. C'est ainsi qu'elle a emprunté le principe de l'explication à la physiologie ; elle a transporté dans le domaine de la pensée l'idée de fonction ; elle a supposé que l'âme est au corps dans le rapport de la fonction à l'organe. L'intelligence serait une fonction cérébrale. Pour expliquer l'intelligence, on la rattache à la matière, on en fait une propriété de la matière, et on la compare à un mouvement de la matière, quelquefois même à une sécrétion.

C'est Karl Vogt, l'illustre naturaliste genevois, qui déclara un jour, au grand scandale de tous, que le cerveau sécrète la pensée comme le rein sécrète l'urine. Cette comparaison hardie a paru choquante, puérile et fausse, car une sécrétion est une chose matérielle, tandis que la pensée n'en est pas une. Karl Vogt a encore employé une autre

comparaison : le cerveau produit la pensée comme
le muscle produit du mouvement, et déjà cela
paraît moins choquant de comparer la pensée à
un mouvement que de la comparer à un liquide
sécrété. De nos jours, on emploierait une image
encore plus vague, celle d'une transformation
d'énergie ; l'énergie chimique dégagée par les
centres nerveux se transformerait en énergie
psychique.

Au reste, peu importent les métaphores auxquels
on demande un secours pour expliquer le passage
du physique au mental. Ce qui caractérise la philosophie matérialiste, c'est de croire à la possibilité
de ce passage, et de le considérer comme une
genèse de la pensée : « On appelle matérialiste,
dit très justement Renouvier, toute philosophie
qui définit la pensée comme le produit d'une composition dont les éléments n'impliquent point la
pensée ». Formule large, qui permet de prévoir
tous les avatars futurs de la doctrine matérialiste,
et les classe d'avance dans la même catégorie.

Les critiques qu'on a adressées au matérialisme
sont toutes ou à peu près des variantes du principe de l'hétérogénéité.

Nous n'insisterons pas longuement ; rappelons
seulement que, d'après ce principe, il est impossible d'attribuer au cerveau la capacité d'engendrer
de la conscience ; la force physique peut engendrer

de la force physique, sous la même forme ou sous
une forme différente, elle produit ainsi tous les
effets qui sont déterminés par les lois de la nature ;
mais il est impossible de comprendre que la force
physique s'enrichisse, à un moment donné, d'une
force consciente. La force physique se réduit à des
mouvements de corps, à des déplacements d'atome ;
comment un changement de position dans des objets
inertes pourrait-il donner lieu à un jugement, un raisonnement, un phénomène quelconque de conscience ? Et on ajoute encore : cette idée de fonction,
que les matérialistes introduisent ici pour rendre plus
compréhensible un passage d'un corps matériel à
une action spirituelle, ne contient qu'une explication vaine ; car la fonction n'est point essentiellement distincte, par sa nature, de l'organe ; elle
n'est que « l'organe en activité », elle n'ajoute à
l'organe pris dans son état de repos qu'un seul
changement, de l'activité, c'est-à-dire du mouvement ; et par conséquent la fonction d'un organe
est matérielle au même titre que l'organe. Quand
un muscle se contracte, cette contraction, qui est
la fonction propre de la fibre musculaire, consiste
dans une condensation du protoplasma musculaire, et cette condensation est un fait matériel.
Lorsqu'une glande entre en activité, une certaine
quantité de liquide se déverse dans les canaux de
la glande, et ce liquide provient d'une modification

physique et chimique du protoplasma cellulaire ;
c'est une fonte, une liquéfaction, qui est, elle aussi,
matérielle.

La fonction de la cellule nerveuse est de produire du mouvement, ou de le conserver, ou de
le diriger ; elle est matérielle comme la cellule.
Il n'y a donc rien, dans tous ces phénomènes
fonctionnels, qui puisse nous faire comprendre
comment une cause matérielle serait capable d'engendrer un effet conscient.

Il semble que tous les matérialistes aient accordé
que le point vulnérable de leur théorie est bien là ;
car c'est surtout le principe d'hétérogénéité qu'ils
ont combattu. Mais leurs réponses manquent de
franchise, elles consistent principalement en faux-
fuyants.

Elles se résument à affirmer que nous sommes
entourés de mystère, que nous ne sommes pas
assez savants pour avoir le droit de poser des
limites à la puissance de la matière, et de lui dire :
tu ne produiras pas ce phénomène. Un matérialiste
théologien déclare qu'il ne voit aucune impossibilité à admettre que les pierres peuvent penser
et raisonner, si Dieu, dans sa puissance infinie,
avait décidé d'unir la pensée à de la matière brute.
Cet argument, véritablement, n'est pas sérieux ; il
exige l'intervention d'un *Deus ex Machina* tellement
puissant qu'on peut l'employer à la solution de

tous les problèmes; les résoudre tous, c'est n'en résoudre aucun.

Les matérialistes modernes ont raison de laisser Dieu tranquille; leur manière d'argumenter prend une forme différente : reste à savoir si elle n'est pas identique dans le fond. Elle consiste à affirmer tout simplement que jusqu'ici nous ne connaissons que certaines propriétés de la matière, que chaque jour la science en dégage des propriétés nouvelles, que la matière est un réservoir de forces inconnues, et qu'il n'est pas impossible de découvrir dans la matière, l'origine des forces psychiques. Cette idée est clairement indiquée par Littré. Le physicien Tyndall lui a donné une formule définitive, quand il a prononcé au Congrès de Belfast cette phrase souvent reproduite : « Si je jette un regard en arrière sur les limites de la science expérimentale, je discerne, au sein de cette matière (que dans notre ignorance, et tout en proclamant notre respect pour son créateur, nous avons jusqu'ici couverte d'opprobre) la promesse et la puissance de toutes les formes et de toutes les qualités de la vie ».

Les adversaires de la doctrine n'ont point cessé de répondre que la matière de demain, pas plus que celle d'aujourd'hui, ne peut engendrer que des effets matériels, et que l'on ne résoud pas une difficulté en remettant sa solution à une date indéterminée de notre évolution scientifique.

Et il semble bien que la riposte est péremptoire, si on admet le principe de l'hétérogénéité, avec ses conséquences naturelles.

Nous allons maintenant juger la doctrine précédente, en nous servant des idées que nous avons exposées plus haut. La critique que nous avons à faire du matérialisme n'est point la même que celle que nous venons de résumer. L'axe de la discussion se déplace.

D'abord, nous reprochons au matérialisme de se présenter comme une théorie génétique de la conscience, par l'objet. Nous avons reproché déjà à l'idéalisme de se présenter comme une théorie génétique de l'objet par la conscience. L'erreur des deux systèmes s'est produite en sens inverse, mais elle est de la même gravité. La conscience et son objet, disons-le encore une fois, constituent la division la plus grande qu'il soit possible d'opérer dans le domaine de la connaissance ; il est aussi illégitime de ramener le premier terme au second, que le second au premier. Pour les ramener l'un à l'autre, par voie de filiation ou autrement, il faudrait leur découvrir d'abord une identité de nature, qui n'existe pas.

En second lieu, lorsqu'on regarde de près l'explication que le matérialisme a imaginée pour faire dériver la pensée d'une action de la matière, on

s'aperçoit que cette représentation est complètement rendue impossible par tout ce que nous
savons de la nature de la pensée. Pour que le
matérialiste puisse admettre un seul moment que
la pensée est une fonction cérébrale, il faut évidemment qu'il se fasse illusion sur la pensée, et
joue avec des concepts. Peut-être si on pouvait
pénétrer dans sa pensée intime, s'apercevrait-on
qu'au moment où il suppose qu'une cellule nerveuse peut fabriquer des phénomènes de conscience, il s'est suggéré quelque image vague, par
laquelle il identifie les phénomènes de conscience
avec un principe léger et subtil s'échappant de la
cellule nerveuse, quelque chose qui ressemble à
une effluve électrique, ou à un feu follet, ou à une
flamme de punch[1]. J'ignore si ma supposition est
juste, bien entendu. Mais ce que j'affirme, avec la
tranquillité d'une parfaite certitude, c'est que le
matérialiste n'a pas pris la peine d'analyser attentivement ce qu'il appelle le phénomène de conscience. S'il avait fait cette analyse, et s'il en tenait
les éléments sous ses yeux, il verrait qu'il est à peu

1. Je puis citer deux observations à l'appui. M. Brieux, à qui
je racontais cette partie de mon argumentation, m'arrêta en
me disant : « Vous avez deviné juste, je me représente la
pensée sortant du cerveau sous la forme d'une lueur électrique ». Le Dr Simon, m'apprit aussi pendant la lecture de
mon manuscrit, qu'il voyait « la pensée flotter sur le cerveau
comme un feu follet ».

près impossible d'accrocher, de quelque manière que ce soit, un phénomène de conscience à une molécule matérielle.

Et en effet, pour nous en rendre compte, ne restons pas dans le vague du concept, prenons un exemple particulier sur lequel on puisse raisonner, celui d'une perception extérieure. J'ouvre ma fenêtre, il fait beau, je vois devant moi la plaine ensoleillée, et à perte de vue, des maisons dans les arbres, et encore des maisons, dont les dernières détachent leur silhouette sur la ligne lointaine de mon horizon. Voilà mon phénomène mental. Et pendant que je suis à ma fenêtre, et que mon regard plonge dans la campagne, l'anatomiste imagine qu'à partir de ma rétine cheminent des vibrations moléculaires qui suivent le nerf optique, se croisent au chiasma, s'engagent dans la bandelette, traversent la capsule interne, gagnent les hémisphères, ou plus exactement les régions occipitales du cerveau, où l'on convient pour le moment de localiser le centre de projection des sensations visuelles. Voilà mon phénomène physique. Il s'agit maintenant de passer du phénomène physique au phénomène mental. Et c'est ici qu'une difficulté nous arrête, une difficulté vraiment formidable.

Mon phénomène mental n'est pas entièrement mental, comme on le suppose habituellement dans un langage abrégé et trompeur; il est en

19

grosse partie physique, car il se décompose en
deux éléments, une conscience et son objet, et cet
objet de la conscience, cet ensemble de petites
maisons que je vois dans la plaine, c'est de la sensation, c'est-à-dire du physique, c'est-à-dire de la
matière. Examinons à son tour le processus physique qu'on est censé découvrir dans mes centres
nerveux pendant que je contemple le paysage; ce
prétendu processus physique lui aussi, tout aussi
bien que ma perception consciente du paysage, est
un phénomène physico-psychique, car mes mouvements cérébraux sont perçus au moins hypothétiquement, par un observateur; c'est là une perception, par conséquent elle se décompose en deux
choses, une conscience et son objet. Par conséquent encore, lorsqu'on veut, par un effort de
métaphysique, rattacher la conscience à un état
matériel du cerveau, et mettre une liaison entre
les deux événements, il se trouve que par erreur
on raccroche un phénomène physico-mental à un
autre phénomène physico-mental.

Mais évidemment cette objection n'est pas une
réfutation. On peut admettre que ce qu'on appelle
le processus cérébral est capable de subsister
même dans les moments où personne ne le perçoit,
et qu'il existe par lui-même, se suffit à lui-même, et
soit entièrement physique.

Mais pouvons-nous faire subir le même travail

d'épuration au processus mental de perception ?
Pouvons-nous séparer ses deux éléments, la conscience et son objet, conserver l'élément conscience,
répudier l'élément objet, qui est physique, et constituer ainsi un phénomène entièrement mental,
qu'il s'agira ensuite de rapprocher du phénomène
entièrement physique, pour en étudier la relation ?
C'est tout à fait impossible, et l'impossibilité est
double, elle existe en fait et en droit.

En droit, car déjà nous avons constaté qu'une
conscience vide et sans objet ne se peut concevoir.

En fait, l'existence de l'objet que la conscience
entraîne avec elle est bien embarrassante pour le
matérialiste : car c'est un objet matériel, et aussi
matériel et réel que les fibres et cellules du cerveau. On peut bien supposer que par transformation ou autrement il sorte d'une ondulation cérébrale un phénomène psychique pur ressemblant à
une effluve. Mais comment comprendre la transformation de cette ondulation, en un phénomène
mi-partie matériel ? Comment comprendre qu'il
sorte de cette ondulation l'objet matériel d'une
perception, par exemple une plaine avec des
maisonnettes ?

Un histologiste anglais disait un jour avec une
certaine éloquence combien l'étude la plus minutieuse du cerveau nous servait peu pour comprendre la pensée. Il répondait ainsi à Auguste Comte,

qui, dans un moment d'aberration, avait prétendu
que la psychologie, pour devenir une science, devait
rejeter le témoignage de la conscience, et se servir
uniquement, comme procédé d'étude, de l'histologie
des centres nerveux et de la mesure du crâne.
Notre histologiste, qui avait passé une partie
de sa vie à regarder au microscope des fragments
de matière cérébrale, à suivre les formes des cellules, les trajets des fibres, et le groupement, la
répartition des faisceaux, notre histologiste faisait
la remarque suivante : c'est que l'étude si patiente,
si minutieuse, si approfondie qu'on la suppose, de
cet écheveau nerveux, ne pourrait jamais nous
faire connaître ce que c'est qu'un état de conscience, si nous ne le savons déjà par ailleurs, car
ce n'est jamais dans le champ du microscope qu'on
voit passer un souvenir, une émotion, ou un acte
de volonté. Et il ajoutait que celui qui se borne à
regarder ces structures matérielles, reste aussi
étranger aux phénomènes de l'esprit que le cocher
de Londres qui parcourt sans cesse avec son cab
les rues de la grande cité est ignorant de ce qui
se dit et se fait dans les maisons closes. Cette
pittoresque comparaison, dont la vérité n'a jamais
été mise en doute par personne, repose sur cette
supposition que l'acte psychique est entièrement immatériel et invisible, et que, ne pouvant
pas être vu, il échappe à l'œil perçant du micros-

cope. Mais une analyse plus approfondie de l'esprit montre combien cette assertion est peu juste. Du moment que chaque acte psychique implique un objet matériel, on peut se demander deux choses : 1° D'où vient que l'anatomiste ne rencontre pas dans l'intérieur du cerveau ces objets matériels ? On devrait les voir, car ils sont matériels, donc visibles. On devrait les voir avec leur aspect et leur couleur, ou nous expliquer pourquoi on ne les voit pas. En général, on ne nous décrit dans le cerveau que des vibrations moléculaires. Mais nous n'en avons pas conscience. Où donc est ce dont nous avons conscience ? 2° Il faudrait ensuite nous expliquer par quelle élaboration, transmutation, métamorphose un ébranlement moléculaire, qui est matériel, peut se transformer en objets également matériels.

Telle est la critique que nous devons adresser au matérialisme ; jusqu'à preuve du contraire, nous la tenons pour irréfutable.

LE PARALLÉLISME

Pour qu'une exposition suive l'ordre logique des idées, il faut qu'à la discussion du matérialisme succède immédiatement celle du parallélisme. Ces deux doctrines sont proches parentes ; elles se

ressemblent comme la seconde édition, revue et
corrigée, d'un livre, ressemble à la première édition. Le parallélisme est la doctrine matérialiste
des gens avertis, qui se sont aperçus des erreurs
commises et essayent de les éviter, en gardant de
la doctrine condamnée tout ce qui peut en être
sauvé. Ce que les philosophes avaient critiqué dans
le matérialisme, c'est la méconnaissance du principe de l'hétérogénéité. Les parallélistes se sont
aperçus de la méprise, et ils se sont arrangés pour
respecter ce principe. Nous allons voir comment.
Ce sont surtout gens prudents ; ils excellent à
éviter les compromissions. Ils présentent leur
hypothèse comme provisoire ; ils en vantent la
commodité ; c'est, disent-ils, un moyen pratique
d'éviter beaucoup d'ennuis ; elle devient pour les
philosophes un équivalent de ce mot que répètent
tant d'administrateurs timorés : « Surtout pas
d'affaires! »

Etudions le point exact où le parallélisme a cor-
rigé le matérialisme.

Nous avons vu que toute doctrine matérialiste
est l'expression de cette idée que les phénomènes
physiques sont les seuls déterminés, les seuls
mesurables, les seuls explicables, les seuls scientifiques. Cette idée fait merveille dans les sciences
de la nature, mais elle se trouve en défaut lorsque,
du monde physique, on passe dans le monde

moral, et nous avons vu comment la doctrine
matérialiste échoue quand elle cherche à rattacher le mental au physique ; il y a là deux
grosses difficultés que l'explication matérialiste
rencontre devant elle : l'une est une difficulté de
mécanisme, l'autre est une difficulté de genèse.
En rattachant l'esprit au cerveau, comme une
fonction à son organe, cette doctrine essaye de
solutionner ces deux problèmes, et nous avons vu
combien peu elle y réussit.

Le parallélisme a cherché à éviter ces deux problèmes ; non seulement, il ne les résoud pas, mais
il s'arrange pour ne pas les poser.

L'expédient employé consiste à éviter la rencontre du physique et du mental ; au lieu de les placer
bout à bout et de les souder l'un à l'autre, on va
les placer parallèlement à côté l'un de l'autre.
Pour expliquer leur corrélation, que démontrent
vaguement tant d'observations, on émet l'hypothèse suivante : vie physique et vie psychique
forment deux courants parallèles, qui ne mélan-
gent jamais leurs eaux; à tout état de conscience définie répond la contre-partie d'un état
des centres nerveux, également défini ; le fait de
conscience a ses antécédents et ses conséquents dans la conscience ; le fait physique prend
également place dans une chaîne de faits physiques ; les deux séries se déroulent ainsi, se cor-

respondant étroitement, selon une loi nécessaire,
de sorte que le savant, parfaitement instruit de
toutes choses, à qui l'on présenterait un de ces
états, pourrait décrire son pendant ; mais jamais
un des termes d'une série n'influence les termes
de l'autre série.

L'observation, le témoignage de la conscience
semblent bien attester ce chevauchement; mais
ce sont, d'après l'hypothèse du parallélisme, des
illusions. Lorsque je meus mon bras par un acte
volontaire, ce n'est pas ma volonté, en tant
qu'état de conscience, qui détermine le mouvement du bras ; car ce mouvement est un fait
matériel ; il est produit par la mise en jeu de
groupes musculaires ; chaque muscle, composé
d'une substance semi-fluide, étant excité, se
raccourcit dans le sens de sa plus grande longueur ; l'excitant de muscles est aussi un fait
matériel, un influx matériel qui part des cellules
motrices de l'encéphale, et dont on connaît le
trajet descendant par le faisceau pyramidal, les
racines antérieures de la moelle et les nerfs périphériques jusqu'à sa terminaison dans les plaques
motrices des muscles. C'est cette excitation qui
est la cause physique, directe, vraie, des mouvements volontaires. Et il en est de même pour
tous les actes et tous les signes, toutes les expressions de nos états conscients ; le tremblement de

la peur, le rouge de la colère, les mouvements de la marche, et jusqu'aux paroles que nous prononçons, tout cela ce sont des effets physiques, produits par des processus physiques qui agissent physiquement, et dont la contre-partie mentale n'a par elle-même aucune efficacité.

Il est bien entendu que nous signalons là une des formes de la théorie paralléliste, sa forme la plus usuelle ; chaque auteur la diversifie à sa fantaisie ; les uns rendent la correspondance plus lâche entre le physique et le moral, d'autres préfèrent la serrer ; tantôt, ce qu'on admet est une relation vague, qui n'est vraie qu'en gros, une solidarité plutôt qu'une équivalence ; tantôt, c'est une contre-partie précise, un duplicat complet, où le moindre événement physique répond à un événement mental.

Dans une des formes de la théorie qui a été récemment inventée, on est allé jusqu'à supposer qu'il n'existe point de cohésion propre dans la chaîne mentale ; aucun phénomène mental n'aurait la propriété de provoquer un autre phénomène mental, par une action de causalité.vraie ; c'est dans le tissu nerveux que serait renfermé le nexus des états psychiques ; ceux-ci se suivraient dans le temps sans être liés directement les uns aux autres ; ils se suivraient, parce que leur base physique est excitée successivement ; il en serait d'eux

comme d'un air de piano, dont les notes se suivent et s'ordonnent en mélodies, non par une
affinité qui leur est particulière, mais parce que
les touches du piano sont frappées dans l'ordre
voulu.

Nous disions tout à l'heure que le parallélisme
est un matérialisme perfectionné. On en comprend
la raison. C'est une doctrine qui conserve le déterminisme des faits physiques, en évitant de se
compromettre dans l'explication si difficile de la
liaison de l'âme avec le corps. Elle reste scientifique, sans commettre d'hérésie métaphysique.

Bain est un de ceux qui ont exprimé le mieux,
non seulement les avantages de cette théorie,
mais ses aspirations (*l'Esprit et le Corps*, p. 136) :

« Nous avons toute raison de croire, dit-il, que
toutes nos actions mentales sont accompagnées
d'une suite non interrompue d'actes matériels.
Depuis l'entrée d'une sensation jusqu'à la production au dehors de l'action qui y répond, la série
mentale n'est pas un seul instant séparée d'une
série d'actions physiques.

« Une perspective nouvelle frappe la vue ; aussitôt se produit dans l'esprit un effet de cette
sensation, une émotion, une pensée, pour aboutir
à des manifestations extérieures par la parole ou
par le geste. Parallèlement à cette série d'actes de
l'esprit marche la série des actions physiques, les

mouvements successifs des organes appelés l'œil,
la rétine, le nerf optique, les centres optiques, les
hémisphères du cerveau, les nerfs qui vont du
centre à la périphérie, les muscles, etc. Tandis
que nous parcourons le cercle de la série mentale,
sensation, émotion et pensée, il se produit un
cercle non interrompu d'effets physiques. Il serait
contraire à tout ce que nous savons de l'action du
cerveau de supposer que la chaîne matérielle se
termine brusquement à un vide matériel, occupé
par une substance immatérielle, et que cette substance immatérielle, après avoir agi seule, communique les résultats de cette action à l'autre bord
de la solution de continuité matérielle, et détermine l'action qui répond à la stimulation première ;
il y aurait ainsi deux rivages matériels séparés par
un océan immatériel. Il n'y a en réalité aucune solution de continuité dans l'appareil nerveux. La seule
hypothèse admissible, c'est que l'action de l'esprit
et celle du corps marchent ensemble, comme les
jumeaux siamois. »

En lisant ce passage, on voit bien quelle est
l'idée qui est à la base de la doctrine : c'est,
comme nous l'avons déjà dit, le fétichisme de la
mécanique ; le parallélisme s'en inspire aussi
directement que le fait le matérialisme, mais avec
plus d'habileté, puisqu'il esquive la question la
plus dangereuse de l'intéraction du physique et

du moral, et la remplace par une hypothèse, qui
ressemble beaucoup à l'hypothèse leibnitzienne
de l'harmonie préétablie. D'autre part, un second
mérite de cette prudente doctrine est d'éviter la
question de genèse ; elle ne cherche point l'origine
de la pensée, mais la pose en relation de parallélisme avec les manifestations de la matière, et, de
même que des lignes parallèles, prolongées à l'in-
fini, ne se rencontrent pas, de même les partisans
de la doctrine se déclarent résolus à ne pas chercher comment l'état de choses actuel s'est formé,
ni ce qu'il deviendra, si l'un des termes disparaît,
par exemple, par la mort de l'organisme corporel.

Malgré tant de précautions, les critiques n'ont
pas manqué; seulement, il semble qu'elles n'ont
pas porté sur la partie faible de la doctrine, et
qu'elles ne sont pas décisives.

Nous ne ferons que les rappeler brièvement :

On a dit : il n'y a aucune nécessité logique qui
nous force à refuser à la conscience le privilège
de s'exercer en pleine indépendance du mécanisme
nerveux.

On a dit encore : Il n'est pas du tout certain
qu'on puisse arriver à inventer un mécanisme
nerveux qui imite et puisse au besoin remplacer
un acte intellectuel. Par exemple : quelle association de cellules nerveuses, quel jeu moléculaire
peuvent imiter un acte de comparaison qui nous

fait saisir une ressemblance entre deux objets? On
supposera, par exemple, que la ressemblance de
deux impressions provient d'une identité partielle,
et que celle-ci a pour support matériel une identité dans le siège ou dans la forme de l'influx
nerveux correspondant. Mais qu'est-ce que l'identité? Comment la comprendre sans admettre la
ressemblance, dont elle n'est qu'une forme ? Comment donc expliquer l'une par l'autre ? Autre
exemple : au fond de tous nos actes intellectuels,
il y a un certain degré de croyance. Peut-on trouver
quelque combinaison matérielle qui y corresponde?

Dernière objection, la plus grave de toutes : le
parallélisme, en établissant une relation fixe et
invariable, entre le physique et le moral, aboutit
à nier le rôle de ce dernier, puisque le mécanisme
physique est suffisant pour amener à lui seul tous
les effets que le sens commun attribue au moral.
Les parallélistes vont ici beaucoup plus loin que les
matérialistes ; ceux-ci concédaient au moins que
la conscience sert à quelque chose, puisqu'ils la
comparaient à une fonction, à une sécrétion, et
que, après tout, une sécrétion est un liquide utile.
Les parallélistes sont si fortement convaincus que
le mécanisme est seul efficace, qu'ils en viennent
à dénier tout rôle à la pensée. La conscience ne
sert à rien.

Elle accompagne. Les métaphores qui servent à

20

la définir, et dont Huxley a imaginé une partie,
sont toutes de nature passive : c'est de la lumière,
ou un bruit de sifflet accompagnant l'action
d'une machine, mais n'agissant pas sur ses roua-
ges, c'est l'ombre qui suit les pas du voyageur,
c'est une phosphorescence illuminant la trace des
mouvements cérébraux.

On a dit aussi que la conscience est un luxe
inutile. On est allé encore plus loin, et le joli nom,
si significatif, d'*épiphénomène*, qu'on a donné à la
pensée, traduit bien cette conception d'après
laquelle il pourrait exister dans la nature des
demi-réalités.

Toutes ces objections sont d'un grand poids,
certainement; mais elles ne sont pas susceptibles
de tuer la doctrine : elles lui font seulement des
blessures.

Je crois qu'il y a dans le parallélisme un vice
radical, qui n'a pas été signalé suffisamment
jusqu'ici, et ce vice une fois mis à nu, je me
demande vraiment ce qu'on peut conserver de
toute cette construction.

Le parallélisme implique une idée fausse, que
que nous avons déjà rencontrée en discutant le
matérialisme; c'est l'idée qu'un phénomène conscient constitue un tout complet.

L'erreur vient de ce qu'on se sert de concepts,
qui font perdre de vue la réalité. La réalité montre

que tout phénomène de conscience consiste dans un
mode d'activité, un ensemble de facultés qui ont
besoin d'un objet pour s'y appliquer et pour se réaliser, et que cet objet est fourni par de la matière.
Ce que nous constatons toujours dans l'intuition,
c'est l'union, l'incarnation conscience-matière, nos
pensées, nos souvenirs, nos raisonnements ont
pour objet des sensations, des images, c'est-à-dire
des choses qui, rigoureusement parlant, sont aussi
matérielles que notre cerveau ; il est donc un peu
naïf de mettre tout ce fonctionnement psychique
dans un autre plan, dans un autre monde que le
fonctionnement cérébral, puisqu'il est en bonne
partie de même nature que le fonctionnement
cérébral, puisqu'il contient tant d'éléments matériels. Or, si nous rétablissons les faits tels qu'ils
sont, si nous admettons un parallélisme entre des
phénomènes physiques, d'une part, et des phénomènes à la fois physiques et psychiques, d'autre
part, l'hypothèse paralléliste perd toute espèce
de sens. Elle cesse de nous présenter l'image de
deux phénomènes d'ordre absolument différent,
qui se trouvent accouplés comme les deux faces
d'une unité, le recto et le verso d'une page, l'envers
et l'endroit d'une étoffe. S'il y a du matériel dans
la partie psychique, l'opposition de nature n'existe
plus entre les deux termes ; ils deviennent identiques.

D'ordinaire, certains parallélistes, après avoir cru découvrir la dualité de la nature, cherchent à la ramener à l'unité, en supposant que les deux faces de la réalité sont comme deux effets d'une réalité unique, inaccessible à nos sens et sous-jacente aux apparences. A quoi bon aller chercher si loin l'unité? C'est prendre une peine inutile. On la trouve dans le phénomène.

CHAPITRE IV

Théories modernes.

On pourrait croire que l'objection que nous avons faite précédemment au parallélisme et au matérialisme nous est personnelle, parce que nous l'avons présentée comme conséquence de l'analyse que nous avons faite sur les parts respectives de la pensée et de la matière dans tout acte de connaissance. Qu'on se détrompe. Nous rejoignons ici d'autres philosophes qui ont tiré les mêmes conclusions, bien avant nous, et il est utile de les citer.

Commençons par le prince des idéalistes, Berkeley : « Tout ce que vous connaissez, ou concevez d'autre que des esprits, dit Philonoüs à Hylas, n'est que vos idées ; lors donc que vous dites que toutes les idées sont occasionnées par les impressions faites dans le cerveau, ou vous concevez ce cerveau, ou vous ne le concevez pas. Si vous le concevez, vous parlez donc d'idées

20.

imprimées dans une idée qui cause cette même
idée, ce qui est absurde. Si vous ne le concevez
pas, vous parlez inintelligiblement ; ce n'est pas
une hypothèse raisonnable que vous formez ». —
Comment serait-il raisonnable, dit-il ensuite, de
penser que le cerveau, chose sensible, idée par
conséquent qui n'existe que dans l'esprit, fut la
cause de toutes nos autres idées [1]?

Ainsi, d'après le raisonnement de Berkeley, la
fonction du cerveau ne peut expliquer la production
des idées, parce que le cerveau est lui-même une
idée, et qu'une idée ne peut pas être la cause de
toutes nos autres idées.

C'est un raisonnement tout pareil que fait
M. Bergson, bien qu'il se place à un autre point
de vue que l'idéalisme. Il prend le mot d'images
dans le sens le plus vague qu'on puisse concevoir
— (et pour expliquer le sens de ce mot, il dit
simplement : images perçues quand j'ouvre mes
sens, inaperçues quand je les ferme). Il remarque
que les objets extérieurs sont des images, et que
le cerveau et ses ébranlements moléculaires sont
des images. Et il ajoute : « Pour que cette image
que j'appelle ébranlement cérébral engendrât les
images extérieures, il faudrait qu'elle les contînt
d'une manière ou d'un autre, et que la représenta-

1. J'emprunte cette citation à RENOUVIER : *Le personnalisme.*
p. 263.

tion de l'univers matériel tout entier fût impliquée dans celle de ce mouvement moléculaire. Or, il suffirait d'énoncer une pareille proposition pour en découvrir l'absurdité[1] ».

On voit que le raisonnement est le même que celui de Berkeley, quoique les deux auteurs raisonnent sur des objets différents : pour Berkeley, le cerveau et les états de conscience sont des états psychiques; pour Bergson, la définition de la nature de ces deux objets, désignés par le terme image, est plus compréhensive, mais l'essentiel de son raisonnement est indépendant de cette définition; il suffit que les deux termes soient de nature pareille pour que l'un ne puisse pas engendrer l'autre.

Notre raisonnement personnel, à son tour, se

---

1. *Matière et Mémoire*, p. 3. L'auteur est revenu plus longuement sur ce point dans une communication au Congrès de Philosophie de Genève, en 1904. Voir *Revue de Métaphysique et de Morale,* nov. 1904, communication de H. BERGSON, intitulée : « Le paralogisme psycho-physiologique ». Voici un passage tiré de cet article qui exprime la même idée : « Dire que l'image du monde environnant sort de cette image (du mouvement cérébral), ou qu'elle s'exprime par cette image, ou qu'elle surgit dès que cette image est posée, ou qu'on se la donne en se donnant cette image, serait se contredire soi-même, puisque les deux images, le monde extérieur et le mouvement intra-cérébral, ont été supposées de même nature, et que la seconde image est, par hypothèse, une infime partie du champ de la représentation, alors que la première remplit le champ de la représentation tout entier »

rapproche un peu des précédents. Au terme idée
de Berkeley, au terme image de Bergson, nous
substituons celui de matière ; nous disons que le
cerveau est de la matière et que la perception d'un
objet quelconque est de la perception de matière,
et nous croyons qu'il n'est pas facile d'expliquer
comment de ce cerveau peut sortir cette perception,
puisque ce serait admettre que d'une matière sort
une autre matière. Il y a là certainement une
grosse difficulté.

M. Bergson a cru la vaincre en s'y prenant de
la manière suivante : il a eu l'idée, très ingénieuse,
de changer la position de la représentation par
rapport au mouvement cérébral. Le matérialiste
place la représentation après ce mouvement, et
dérivant de ce mouvement ; le paralléliste la place
à côté de ce mouvement, en équivalence avec ce
mouvement ; M. Bergson la place avant ce mouvement, et jouant par rapport à lui le rôle de cause
provocatrice, ou simplement d'initiateur. Le mouvement cérébral devient un effet de la représentation, et un effet moteur. Conséquemment le système
nerveux tout entier passe à l'état d'organe moteur ;
les nerfs sensitifs ne sont point de vrais nerfs sensitifs comme on les suppose, ils sont des commencements de nerfs moteurs, qui ont pour but de
conduire les excitations motrices jusqu'aux centres,
lesquels jouent le rôle de commutateurs et lancent

le courant tantôt par tels nerfs, tantôt par tels
autres. Le système nerveux est comme un outil que
nous avons dans la main; il est un véhicule pour
l'action, nous dit-on, et non un substrat pour la connaissance. Je ne puis expliquer avec quelle ingéniosité, avec quelle logique puissante, quelle continuité
serrée d'idées, M. Bergson développe son système,
ni avec quelle adresse il se joue des difficultés.

C'est un esprit remarquable à la fois par sa systématisation et par sa souplesse d'adaptation.
Avant de le critiquer, je tiens à dire combien je
l'admire, combien je suis d'accord avec lui sur
toute la partie critique de son œuvre, et aussi
combien je dois à la lecture de son livre : *Matière
et Mémoire*. Bien que j'aie été incité à la métaphysique par un besoin personnel, bien que j'aie
conçu quelques-unes des idées que j'ai exposées
plus haut, par exemple la critique de la théorie
mécanique de la matière, la définition de la sensation, avant d'avoir lu le livre de M. Bergson, il
est incontestable que cette lecture a si fortement
modifié mes idées, qu'une bonne partie de celles-
ci lui appartient, sans que je me sente capable de
discerner exactement lesquelles, car les idées ont
un caractère bien plus impersonnel que les observations et les expériences. Il y aurait donc eu de
l'ingratitude à le critiquer, avant de lui avoir rendu
cet hommage.

Il y a dans la théorie de M. Bergson quelques
affirmations qui surprennent un peu, comme tout
ce qui contrarie de vieilles habitudes. De tous
temps, nous avons fait la supposition que notre
corps est le réceptacle de nos phénomènes psychologiques; nous emmagasinons nos souvenirs
dans les centres nerveux: nous mettons la condition de nos émotions dans les troubles de certains
appareils; nous trouvons la base physique des
efforts de volonté et d'attention dans nos sensations
de tension musculaire, nées dans nos membres ou
notre tronc. Du moment que la substance nerveuse n'est plus le dépositaire de ces états, il faut
les faire changer de domicile, et où les placera-t-
on? Ici, la théorie devient obscure et vague, et nos
habitudes nous rendent difficile de comprendre la
situation de l'esprit en dehors du corps. M. Bergson
place le souvenir dans des plans de conscience,
très éloignés de l'action; et la perception est placée
dans l'objet même qu'on perçoit.

Si je regarde ma bibliothèque, ma pensée est
dans mes livres; si je regarde le ciel, elle se loge
dans une étoile[1]. Il est très difficile de critiquer
de telles idées, parce qu'on n'a jamais la certitude
de les comprendre. Je ne m'y attarde donc pas,
malgré la méfiance qu'elles m'inspirent.

Mais ce qui me paraît sujet à caution, c'est la

1. *Matière et Mémoire*, p. 31.

fonction que M. Bergson est conduit à attribuer aux nerfs sensitifs. Pour lui, il n'est pas exact de dire que l'excitation d'un nerf sensitif provoque la sensation ; c'est mal parler, car tout nerf, même sensitif, serait moteur : il conduit l'ébranlement qui, passant pas le commutateur central, se déversera finalement dans les muscles. Mais alors, d'où vient que je crois éprouver une sensation lorsqu'on touche mon nerf sensitif? D'où vient qu'une pression sur l'épitrochlée me donne du fourmillement dans la main ? D'où vient qu'un choc sur le globe de l'œil me donne une impression fugitive de lumière? Il faut lire la page où M. Bergson cherche à lutter contre ce qui me paraît l'évidence des faits. « Si, pour une raison ou pour une autre, dit-il, l'excitation ne passe plus, il serait étrange que la perception correspondante eût lieu encore, puisque cette perception mettrait alors notre corps en relation avec des points de l'espace qui ne l'inviteraient plus directement à faire un choix. Sectionnez le nerf optique d'un animal ; l'ébranlement parti du point lumineux ne se transmet plus au cerveau, et de là aux nerfs moteurs ; le fil qui reliait l'objet extérieur aux mécanismes moteurs de l'animal en englobant le nerf optique est rompu ; la perception visuelle est donc devenue impuissante, et dans cette impuissance consiste précisément l'inconscience ». Raisonnement plus

habile que convaincant. Il n'est pas convaincant
parce qu'il consiste à exagérer au delà de toute
mesure raisonnable, un fait bien réel, celui de la
relation qu'on peut découvrir entre nos sensations
et nos mouvements. Nous croyons avec M. Bergson qu'il est absolument juste de voir dans l'action
le but, la raison d'être de notre intelligence et
de notre sensibilité. Mais s'ensuit-il que tout
degré, toute nuance, tout détail de la sensation,
même les plus insignifiants, aient une importance
pour l'action ? Les variations de la sensibilité sont
beaucoup plus nombreuses que celles des mouvements et de l'adaptation : très probablement,
comme le démontre l'étude attentive de l'enfance,
la sensibilité précède la motilité dans ses diffé-
renciations ; un enfant montre une finesse de perception extraordinaire à un âge où sa main reste
bien maladroite encore. Ainsi, la corrélation n'est
point absolue. Et puis, quand même elle le serait,
il n'en résulterait pas que la suppression d'un
mouvement produise par contre-coup la suppression de la sensation à laquelle ce mouvement
répond habituellement. Dans cette hypothèse la
sensation qui perd son effet moteur devient inutile;
soit, mais on ne prouve pas que l'inutilité de la
sensation soit synonyme d'insensibilité. Je m'imagine très bien le mouvement supprimé, et la sensation inutile continuant à évoquer des images, et

à être perçue. N'est-ce point là ce qui se produit tous les jours? Il y a des malades qui, à la suite d'une attaque d'apoplexie, sont paralysés d'un membre; le membre perd le mouvement volontaire, il ne perd pas nécessairement sa sensibilité. On observe des cas très nets où cette dissociation se produit.

J'avoue donc que je ne puis suivre M. Bergson dans sa déduction. En tant que physiologiste, je suis obligé de croire fidèlement à l'existence des nerfs sensitifs, et je continue par conséquent à admettre que nos sensations conscientes sont consécutives à l'excitation des nerfs sensitifs, et subordonnées à leur intégrité. Or, comme c'est là, si je ne m'abuse, le postulat essentiel, le cœur de la théorie de M. Bergson, ne l'admettant pas, je repousse à regret tout l'ensemble de sa théorie.

CHAPITRE V

Conclusion.

Quelques matérialistes et parallélistes convaincus auxquels j'ai lu les critiques précédentes de leur système, n'y ont pas trouvé de réponse ; mes critiques leur ont paru justes, mais néanmoins ils ont continué à tenir bon à leurs systèmes, vraisemblablement parce qu'il leur en fallait un. On ne détruit pas définitivement une idée fausse quand on ne la remplace pas.

Ceci m'a décidé à exposer quelques vues personnelles qui, provisoirement, et en attendant mieux, pourraient être substituées aux anciennes doctrines.

Avant d'exposer ces vues personnelles, je tiens à m'expliquer sur leur caractère et à dire bien haut que ce sont des hypothèses.

Je sais que les métaphysiciens font rarement des aveux de ce genre. Ils nous présentent leur système comme un tout bien lié, et ils en exposent les diverses parties, même les plus aventureuses, en employant le même ton dogmatique, et sans nous avertir qu'on doit attacher à ces parties différentes des degrés très inégaux de confiance. C'est une méthode déplorable; et peut-être c'est à elle qu'on doit l'espèce de dédain que les observateurs et expérimentateurs éprouvent pour la métaphysique.

Dédain souvent injustifié, car tout n'est pas faux, tout n'est pas hypothétique en métaphysique; il y a telle démonstration, telle analyse, telle critique, surtout telle critique, qui, quoique de nature métaphysique, me paraît aussi exacte, aussi certaine que n'importe quelle observation et quelle expérience. Le tort est de mêler ensemble, dans un exposé sans discernement, le certain avec le probable, et le probable avec le possible.

Les métaphysiciens ne sont pas entièrement responsables de ce défaut de méthode. Je croirais très volontiers que ce défaut est une conséquence naturelle de l'abus de la spéculation ; c'est surtout par la culture des sciences d'observations que nous entretenons en nous le sens précieux de la preuve, parce que nous pouvons le contrôler à chaque instant, par la vérification expérimentale. Quand on travaille loin des faits, ce sens de la preuve s'atténue; on perd ce sentiment de crainte et de responsabilité qu'éprouve tout observateur de voir une de ses assertions renversée par une contre-observation décisive. On acquiert l'insupportable orgueil que je constate chez Kant, et on se laisse aller à l'esprit de construction. J'en parle d'après mon expérience personnelle ; j'ai surpris en moi ce mauvais esprit de construction, à plusieurs reprises ; je cherchais à grouper plusieurs faits d'observation sous une même idée, et alors je m'apercevais que j'en venais à rapetisser, à déprécier les faits qui ne cadraient pas avec l'idée.

L'hypothèse que je vais présenter sur les relations de l'esprit et du cerveau a pour moi l'avantage de mettre en lumière les conditions précises auxquelles une solution de ce grand problème doit satisfaire pour que cette solution soit discutable.

Ces conditions sont très nombreuses. Nous ne les indiquerons pas successivement toutes. En voici deux qui sont particulièrement importantes :

1° Les manifestations de la conscience sont conditionnées par le cerveau ; suspendons par un moyen quelconque l'activité de cette masse encéphalique, par exemple en arrêtant le cours du sang, et la fonction psychique est aussitôt entravée. Comprimez les carotides, vous avez de l'obnubilation intellectuelle ; au lieu d'une abolition

d'ensemble, on peut faire une abolition de détail;
un coup de bistouri dans un nerf sensitif supprime
toutes les sensations que ce nerf véhiculait à la
conscience. La conscience apparaît seulement
lorsque l'ébranlement moléculaire arrive dans les
centres nerveux; tout se passe comme si cet
ébranlement nerveux déclanchait la conscience.
Aussi, la conscience accompagne ou suit certains
états matériels des centres nerveux, les ondes qui
parcourent les nerfs sensitifs, qui se réfléchissent
dans les cellules et se propagent dans les nerfs
moteurs; c'est à la production, à la distribution,
et à l'intégrité de cet influx nerveux que la conscience est étroitement liée. Elle y trouve une de
ses conditions d'apparition;

2° D'autre part, la conscience reste dans l'ignorance complète de ces phénomènes intra-céré-
braux; elle ne perçoit pas l'ondulation nerveuse
qui la met en branle; elle ne sait rien de ses
particularités, de son trajet, de la longueur de son
parcours. En ce sens, on peut dire qu'elle n'est
nullement anatomiste; elle ne se doute pas de
toutes les particularités de l'ondulation nerveuse
qui font partie de son histoire cérébrale, du
moment que ces particularités sont sans relation
avec les propriétés des objets extérieurs.

On s'est étonné parfois que notre conscience
ne fût pas avertie que les objets que nous perce-

vons par les deux yeux correspondent à une ondulation double, celle de droite et celle de gauche, et
que l'image des objets est renversée sur la rétine,
de sorte que ce sont les bâtonnets de droite qui
sont impressionnés par les objets situés à notre
gauche, et les bâtonnets d'en haut qui sont impressionnés par les objets situés en bas de notre œil.
Ce sont là, a-t-il été dit avec juste raison, des
problèmes factices, supposant des difficultés qui
n'existent point; il n'y a pas à expliquer, par
exemple, la vision droite avec des images renversées,
car notre conscience ne sait pas que l'image réti-
nienne est renversée ; pour qu'elle pût s'en rendre
compte, il faudrait qu'elle eût à sa disposition un
autre œil lui servant à regarder cette image.
La réponse a paru surtout piquante. On trouvera
qu'elle est absolument juste si on réfléchit que
ce cas de renversement ignoré de l'image réti-
nienne n'est qu'un exemple particulier de toutes
les ignorances anatomiques de la conscience.

On pourrait remarquer encore, dans le même
ordre d'idées, que notre conscience ignore que les
excitations optiques se croisent au niveau du
chiasma, et passent par la capsule interne, et que
la plupart des excitations visuelles d'un œil sont
recueillies par l'hémisphère opposé.

Une notion un peu confuse de ces faits s'est
formée dans l'esprit de plusieurs critiques, et j'en

trouve la preuve dans les formes de langage qu'ils
emploient. On dira, par exemple, que l'idée est
dans la conscience ou dans l'esprit, et on évitera
des tours de phrase comme ceux-ci : « Je pense
avec mon cerveau ; — la suggestion consiste à
introduire une idée dans le cerveau — la cellule
nerveuse perçoit et raisonne, etc. ». D'ordinaire,
on critique ces formes de langage parçe qu'elles
semblent avoir le défaut d'établir une confusion
entre deux éléments irréductibles, le physique et
le mental. Je pense que l'erreur de langage provient d'une autre source, puisque je n'admets pas
cette distinction du physique et du mental ; je
pense que l'erreur consiste à supposer vaguement
que la conscience saisit des phénomènes intra-
cérébraux, alors qu'elle les ignore.

Répétons-le ; il n'y a point de sensibilité intra-
cérébrale ; la conscience est absolument insensible
par rapport aux dispositions de la substance cérébrale et à son mode de fonctionnement. Ce n'est
pas l'ondulation nerveuse que notre conscience
perçoit, mais la cause provocatrice de cette ondulation, l'objet extérieur. La conscience ne sent pas
ce qui est tout près d'elle, mais elle est informée
de ce qui se passe beaucoup plus loin. Rien de ce
qui se produit dans le crâne ne l'intéresse ; elle ne
s'occupe que des objets dont la situation est extra-
crânienne. Elle ne pénètre pas dans le cerveau,

pourrait-on dire, mais s'étale en nappe sur la
périphérie du corps et s'élance de là au milieu des
objets extérieurs.

Il y a donc, je ne dis pas une contradiction,
mais un contraste bien saisissant entre ces deux
faits : la conscience est conditionnée, entretenue,
nourrie par le fonctionnement de la substance
cérébrale ; mais elle ne sait rien de ce qui se
passe dans l'intimité de cette substance. On pourrait la comparer elle-même, cette conscience, à
un organisme parasite qui plonge ses racines
nourricières dans les centres nerveux, et dont les
organes de perception, portés sur une longue tige,
émergent du crâne et perçoivent tout ce qui est en
dehors du crâne. Mais ce n'est là, bien entendu,
qu'une grossière image.

A la rigueur, il est possible d'expliquer cette
distribution de la conscience, si singulière à première vue, par ces raisons d'utilité pratique qui
sont si puissantes dans l'histoire de l'évolution.

Un être vivant a besoin de connaître le monde
extérieur à lui pour s'y adapter et s'y préadapter,
car c'est dans ce monde extérieur qu'il trouve
la nourriture, un abri, des êtres semblables à lui,
des moyens de travailler ; c'est sur ce monde
d'objets qu'il agit de toutes les manières possibles
par les contractions de ses muscles. Quant aux
actions intra-céphaliques, elles sont hors de la

sphère habituelle de nos actions; il n'y a pas un
besoin quotidien de les connaître, et on comprend
que la conscience n'ait pas trouvé de motifs utili-
taires bien pressants pour se développer dans ce
sens-là. Il faut être histologiste ou chirurgien pour
trouver un intérêt appréciable à étudier la structure de la cellule nerveuse, ou la topographie des
centres cérébraux.

Nous nous expliquons donc assez bien par les
lois générales de l'adaptation le pourquoi de
l'absence de ce qu'on pourrait appeler « la sensibilité cérébrale »; mais ici comme ailleurs, la
question du pourquoi est bien plus facile à résoudre que celle du comment.

La question du comment consiste à expliquer
que la conscience, éveillée directement par une
ondulation nerveuse, ne perçoive pas cette ondulation, mais perçoive à sa place l'objet extérieur.

Remarquons d'abord qu'il y a entre l'objet
extérieur et l'influx nerveux une relation de cause
à effet; c'est l'effet seul qui parvient jusqu'à nous,
usqu'à nos cellules nerveuses, jusqu'à notre conscience. Ce qu'il faut expliquer, c'est comment une
connaissance (si on peut employer ici un pareil.
mot) de l'effet peut provoquer une conscience de
la cause. Il est clair que l'effet ne ressemble point
à la cause, comme qualité; l'orange que je vois
n'a point de ressemblance avec l'ondulation céré-

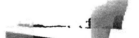

brale qui parcourt à ce moment mon nerf optique ;
mais cet effet contient tout ce qui était dans la
cause, ou plus exactement, toute la partie de la
cause dont nous aurons la perception. Puisque
c'est seulement par l'intermédiaire de notre
système nerveux que nous percevons l'objet,
toutes les propriétés susceptibles d'être perçues
sont communiquées à notre système nerveux, et
inscrites dans l'onde nerveuse. L'effet produit
mesure par conséquent notre perception de la
cause. C'est absolument certain. Tous les corps
possèdent une infinité de propriétés qui échappent
à nos connaissances ; elles y échappent parce que,
comme excitants de notre organisme, ces propriétés manquent de l'intensité ou de la qualité
nécessaires pour le faire vibrer ; elles n'ont pas
été accordées avec nos cordes nerveuses. Et à
l'inverse, tout ce que nous percevons des propriétés
mécaniques, physiques et chimiques d'un corps
se trouve contenu dans la vibration que ce corps
réussit à propager dans notre milieu cérébral. Il
y a là un phénomène de transmission analogue à
ce qui se produit lorsqu'on fait passer le long
d'un fil un air de musique ; tout le concert qu'on
entend à l'autre bout du fil a voyagé sous la forme
de vibrations délicates.

Il existe donc bien, quoique nos sens ne la perçoivent pas, une sorte de parenté entre les qua-

lités des objets extérieurs et les vibrations de nos
nerfs. On l'oublie quelquefois. La théorie de
l'énergie spécifique des nerfs la fait négliger.
Comme on voit que la qualité de la sensation
dépend du nerf excité, on est tenté de diminuer
l'importance de l'excitant. Il passe à l'état de
cause occasionnelle, pour la vibration du nerf,
comme le coup frappé sur la touche du piano est
la cause occasionnelle de la vibration d'une
corde, qui donne toujours la même hauteur de son,
qu'on frappe la touche avec l'index, ou avec le
médius, ou avec un crayon, ou avec tout autre
corps. On voit de suite que cette comparaison est
inexacte. La propriété spécifique des nerfs ne nous
empêche point de connaître la forme de l'excitant, et nos nerfs ne sont comparables à des
cordes de piano que si on donne à ces cordes la
propriété de vibrer différemment, suivant la nature
des corps qui les frappent.

D'où vient donc que l'ondulation nerveuse, si
elle est dépositaire de la totalité des propriétés
physiques perçues dans l'objet, lui ressemble si
peu? c'est que — voici notre hypothèse — ces
propriétés, si elles sont dans l'ondulation, n'y sont
pas seules. L'ondulation est l'œuvre de deux colla-
borateurs; elle exprime à la fois la nature de
l'objet qui la provoque, et la nature de l'appareil
nerveux qui la véhicule. C'est comme le sillon

tracé dans la cire du phonographe, qui exprime la
collaboration d'une vibration aérienne avec un
style, un cylindre et un mouvement d'horlogerie ;
ce creux ne ressemble en somme ni à l'appareil
phonographique ni à la vibration aérienne, bien
qu'il résulte de la combinaison des deux.

De même, je suppose que si la vibration nerveuse ressemble si peu à l'excitant qui lui donne
naissance, c'est parce que le facteur système
nerveux vient ajouter son effet au facteur objet
externe. Chacun de ces facteurs représente une
propriété différente : l'objet externe représente
une connaissance, et le système nerveux représente une excitation.

Imaginons qu'on réussisse à séparer ces deux
effets, on conçoit théoriquement qu'une séparation
de ce genre mettra à nu les ressemblances cachées,
en faisant à chaque collaborateur la part qui lui
appartient; on supprimera l'excitation, on gardera
par exemple la connaissance.

Est-ce possible de faire ou du moins d'imaginer
une telle analyse ? Peut-être : car de ces deux
activités concurrentes, l'une est variable, puisqu'elle dépend de la nature continuellement chan-
geante des objets qui entrent en rapport avec
nous ; l'autre, au contraire, est une constante;
elle exprime l'apport de notre substance nerveuse,
et quoique celle-ci soit d'une composition très

instable, elle varie nécessairement beaucoup moins
que la série des excitants. On entrevoit par conséquent que ces deux éléments sont assez différents de caractère pour qu'on puisse les supposer
séparables par l'analyse.

Mais comment cette analyse pourrait-elle s'exécuter ? Evidemment, pas par des moyens chimiques ni physiques; on n'a besoin ni de réactifs,
ni de prismes, ni de centrifugeurs, ni de membrane
perméable, ni de rien d'analogue. Il suffira d'admettre que c'est la conscience elle-même qui est
le dyaliseur; elle travaille en vertu des lois qui
lui sont propres, c'est-à-dire par des changements
d'intensité; supposons que la sensibilité augmente
pour les éléments variables de l'ondulation, et
devienne insensible pour les éléments constants :
l'effet sera le même qu'une dissociation matérielle
par analyse chimique ; il y aura élimination de
certains éléments et conservation des autres.

Or, tout ce que nous savons de la conscience,
nous autorise à lui faire jouer ce rôle; il est dans
ses habitudes. On sait que le changement est la
loi de la conscience, elle s'efface dans l'uniformité
des excitations, et se renouvelle par leurs différences ou leur nouveauté. Une excitation continue
ou trop souvent répétée finit par ne plus être
perçue. C'est pour réunir ces faits en une formule
que Bain parle de loi de relativité de la connais-

sance ; et malgré quelques équivoques commises
par Spencer et Bain lui-même dans la définition
de cette loi[1], conservons-la avec le sens que nous
venons d'indiquer.

Voyons ce qu'elle devient, lorsqu'on adopte notre
hypothèse. Elle explique comment certaines excitations venant des objets, c'est-à-dire faisant partie
de l'élément variable, cessent d'être perçues lorsqu'elles se répètent et tendent à devenir constantes ;
à plus forte raison, ce nous semble, la même loi
expliquerait-elle comment l'élément constant par
excellence, celui qui ne varie jamais, depuis la
première heure, n'est jamais perçu. Il est, dans
le concert des voix de la nature, un accompagnement tellement monotone qu'on ne le perçoit plus,
la mélodie seule continue à se faire entendre.

C'est en cela précisément que consiste notre
hypothèse. Nous supposons un courant nerveux
partant d'un organe des sens, où il est excité par
un objet quelconque, et arrivant jusqu'au centre
cérébral. Ce courant renferme toutes les propriétés
de l'objet, sa couleur, sa forme, sa grandeur, ses
mille détails de structure, son poids, ses qualités

---

1. L'équivoque que Bain et Spencer ont commise, consiste à
supposer que la conscience porte uniquement sur des différences ; c'est aller trop loin ; nous nous contentons d'admettre
que si la sensation n'est pas changée de temps en temps, la
conscience s'affaiblit et disparaît.

sonores, etc., etc., propriétés qui se trouvent combinées avec, et cachées par les propriétés de l'organe nerveux dans lequel le courant se propage. La conscience reste insensible aux propriétés nerveuses du courant, si souvent répétées qu'elles s'annulent; elle perçoit au contraire ses propriétés variables et acccidentelles, qui expriment la nature de l'excitant; par cette sensibilité partielle, la conscience met à nu ce qui, dans le courant nerveux, représente l'objet, c'est-à-dire une connaissance; et cette opération équivaut à une transformation du courant en perception, en image, en idée. Il n'y a pas à proprement parler transformation, mais analyse; seulement, le résultat pratique est le même que celui d'une transformation; et on l'obtient sans qu'il soit nécessaire de supposer une transmutation d'un phénomène physique en un phénomène mental.

Plaçons-nous donc au moment où l'analyse que je suppose possible vient d'être exécutée. Notre conscience assiste alors au déroulement de représentations qui correspondent au monde extérieur. Ces représentations ne sont point, ou ne paraissent pas logées dans le cerveau, et il n'est point nécessaire de supposer une opération spéciale, qui les prenant dans le cerveau les projetterait à la périphérie de nos nerfs. Ce transport serait inutile, puisque le cerveau n'existe point pour la cons-

cience ; le cerveau avec ses fibres et ses cellules
n'est point senti, il ne fournit donc à la représentation aucun point de repère, permettant de
juger que la représentation est extérieure ou intérieure, par rapport à lui. En d'autres termes, la
représentation ne se localise que par rapport à
elle-même ; il n'y a de position déterminée que
d'une représentation par rapport à une autre. Nous
pouvons dès lors repousser comme inexacte la
prétendue loi d'excentricité de physiologistes, qui
supposent que la sensation est d'abord perçue
comme centrale, puis, par un acte surajouté, est
localisée au bout périphérique du nerf. Ce raisonnement ne serait juste que si on admettait que le
cerveau est perçu par la conscience de ce cerveau ;
nous avons dit déjà que la conscience n'est pas
anatomiste, et que par conséquent ce problème ne
se pose pas.

Telle qu'elle est, cette hypothèse me paraît présenter l'avantage d'expliquer pour quelle raison
notre conscience coincide dans certaines circonstances avec les actions cérébrales, et ne s'y juxta-
pose pas dans des circonstances autres. En d'autres
termes, elle contient une explication de l'inconscient. Je puis le montrer en citant quelques faits
précis, dont l'explication a été considérée jusqu'ici
comme malaisée, et qui deviennent très faciles à
comprendre dans l'hypothèse actuelle.

Le premier de ces faits est relatif à la psychologie du courant moteur. On s'est beaucoup occupé
de ce courant dans les études qu'on a faites sur le
sentiment de l'effort et sur la base physique de la
volonté. Le courant moteur est celui qui, partant
des cellules cérébrales de la région motrice, se
rend par le faisceau pyramidal dans les muscles
du corps ; par sa direction, il est centrifuge. On a
recherché si nous avons ou pouvons avoir conscience de ce courant ; ou plutôt, on a posé la
question en termes un peu différents ; on s'est
demandé si un état psychologique peut être la
contre partie de ce courant moteur, si par exemple
le sentiment de l'effort mental qui se produit en
nous au moment d'exécuter un acte difficile ou de
prendre une résolution grave, n'aurait pas ce courant moteur pour base.

L'opinion qui a prévalu est négative ; on a
admis, un peu sur la foi des expériences, un peu
aussi pour des raisons théoriques, qu'aucune sensation n'est éveillée par le courant centrifuge ; et
quant à la sensation de l'effort, on s'accorde pour
la placer ailleurs ; on la met parmi les sensations
centripètes qui se produisent à mesure que le
mouvement s'ébauche, et proviennent des muscles
contractés, des ligaments tendus, des articulations
frottées. L'effort ferait donc partie de toute la
phénoménologie psychique qui est le duplicat

22.

des courants sensitifs, à direction centripète.

Au fond, je ne vois aucune espèce de raison théorique pour subordonner la conscience au sens du courant nerveux, et pour admettre que la conscience s'éveille quand ce courant est centripète, et qu'elle ne peut accompagner le courant centrifuge. Mais peu importe ce débat. Notre hypothèse expliquerait assez bien pourquoi le courant moteur reste inconscient; elle explique la chose en prenant en considération la nature de ce courant, et non sa direction.

Il est moteur, parce qu'il naît dans les cellules centrales, qu'il est une décharge de ces cellules, et que son origine est entièrement nerveuse ; puisqu'il ne correspond pas à la perception d'un objet, cet éternel variable, il est toujours le même, par nature ; il ne charie pas dans son flot monotone, comme le fait le courant sensitif, des débris de l'objet. Cela suffit pour le faire couler sans conscience.

Ce même genre d'hypothèse nous procure les raisons pour lesquelles un certain courant sensitif peut, suivant les cas, être conscient ou inconscient. La conscience résultant d'une analyse de l'onde moléculaire est comme un travail supplémentaire qui peut s'ajouter après coup à l'onde réalisée; que l'onde se propage d'abord, voilà le fait essentiel; il sera toujours temps pour qu'on en prenne conscience par la suite. C'est ainsi qu'il nous arrive, pendant des moments de distraction, de rester insensibles à certaines excitations, même très fortes; notre système nerveux les enregistre cependant et nous pouvons les retrouver plus tard dans le souvenir. C'est l'effet d'une analyse tardive.

Le phénomène inverse est beaucoup plus fréquent. On remarque beaucoup d'actions et de perceptions qui se font la première fois avec conscience, émotion et effort; puis, quand elles se répètent, à mesure que la coordination devient meilleure et plus facile, le retentissement conscient de l'opération s'amoindrit. C'est la loi de l'habitude, qui nous achemine lentement vers l'automatisme. On a même étendu ces observations et on a voulu les faire servir à l'explication de l'origine des actions réflexes et des instincts, qui auraient tous débuté par de la conscience. C'est une tentative un peu hardie, car elle rencontre à l'exécution beaucoup de difficultés assez grandes, mais l'idée paraît assez juste et elle serait acceptable si on la limitait. Il est certain que la conscience accompagne l'effort vers l'inédit et qu'elle meurt quand l'acquisition est faite. D'où vient ce singulier dilemne que la nature lui pose : faire du nouveau ou périr? Il semble bien que notre hypothèse l'explique. Tout acte nouveau est produit par des courants nerveux qui contiennent

beaucoup de ces éléments variables que la conscience perçoit; mais à mesure que l'action cérébrale se répète, devient plus précise, plus exacte,
cet élément variable s'atténue, tombe au mini-
mum, et peut même disparaître dans la fixation
de l'habitude et de l'instinct.

Notre hypothèse ressemble beaucoup au système du parallélisme; elle le perfectionne autant,
ce me semble, que celui-ci a perfectionné le
matérialisme. Nous admettons bien une sorte de
parallèlisme entre la conscience et l'objet connu ;
mais ces deux séries ne sont pas indépendantes,
simplement juxtaposées, comme le peut le parallèlisme ordinaire, elles sont unies, fondues, se com-
plétant. Cette théorie nouvelle me paraît représenter
une forme meilleure de la série des tentatives qui ont
été faites avec ce besoin commun d'accorder les
phénomènes de conscience avec le déterminisme
des faits physiques.

Nous nous en tenons au déterminisme physique ; nous acceptons une conception rigoureusement mécanique des fonctions du système nerveux. Pour nous, les courants qui traversent la
masse cérébrale se suivent sans interruption
depuis la périphérie sensorielle jusqu'à la périphérie motrice; ce sont eux, et eux seuls, qui
provoquent les mouvements du corps, en agissant sur les muscles. Le parallélisme admettait

toutes ces choses et nous les admettons aussi.

Voici maintenant les avantages du nouveau système. D'abord, il ne contient pas de paralogisme,
pas d'erreur logique ou psychologique, puisqu'il
ne fait pas cette supposition que le phénomène
mental diffère par sa nature du phénomène physique. Nous avons discuté plus haut toutes les
conséquences de cette erreur. Elles sont évitées ici.
Et en second lieu, il est explicatif, au moins dans
une certaine mesure, puisque la formule que
nous employons permet de comprendre, mieux
que le principe d'une simple juxtaposition, pourquoi certains courants nerveux coulent dans la
lumière de la conscience, tandis que d'autres
s'enfoncent dans la nuit de l'inconscience. Cette
loi de la conscience, que Bain appelait la loi de le
relativité, devient, en faisant corps avec notre
théorie des rapports du physique et du moral, une
explication de la distribution de la conscience
dans les actions cérébrales.

Je me demande si l'explication que j'ai imaginée doit être conservée à la lettre. Peut-être
pas. J'ai essayé moins d'apporter une solution
toute faite que d'indiquer la direction dans laquelle
on doit la chercher. La loi de la conscience dont
je me sers pour expliquer la transformation d'un
courant nerveux en perceptions et en images,

n'est qu'une loi empirique, produite par la géné-
ralisation d'observations particulières. Jusqu'ici,
on ne s'est pas enquis de savoir, du moins à ma
connaissance, si cette loi de la conscience, malgré
la généralité que quelques auteurs tendent à lui
donner, ne pourrait pas s'expliquer elle-même par
des faits plus généraux et ne pourrait pas rentrer,
comme cas particulier, dans un cadre plus com-
préhensif. En somme, c'est bien possible. Je ne
m'en suis pas inquiété et j'ai fait de cette loi empirique un usage transcendant, car j'ai supposé implicitement que c'est un principe premier, capable de
rendre compte du développement de la conscience,
mais qui, lui, ne peut pas être expliqué.

Si des observateurs découvrent que ce qui m'a
paru inexplicable peut s'expliquer par des causes
toutes particulières, il est clair que ma théorie
devra être abandonnée ou modifiée. Il faudra en
chercher de nouvelles, qui consisteront vraisemblablement à reconnaître à la conscience des propriétés différentes. Un peu d'imagination en fera
trouver plusieurs, je n'en doute pas. A titre de
suggestion, j'indiquerai une de ces possibilités
d'hypothèse : « La conscience a la faculté de lire
dans l'effet ce qui était dans la cause ». Il n'est
pas téméraire de croire qu'en travaillant cette
idée, on arriverait à une certaine solution. L'essentiel du reste est, je le répète, moins de trouver une

solution que de se rendre compte du point qui la
réclame ; et la métaphysique me paraît surtout utile,
lorsqu'elle établit nettement où est la lacune de
nos connaissances et quelles sont les conditions
imposées pour remplir la lacune.

Par-dessus tout, nous tenons à cette idée qui a
été une des forces directrices de notre livre : il
existe au fond de tous les phénomènes de l'intelligence une dualité ; pour former un phénomène
réel, il faut à la fois une conscience et un objet.
Suivant des tendances passagères, de tempérament ou de mode, on a donné la prépondérance
tantôt à l'un des termes de ce couple, tantôt à
l'autre. C'est l'idéaliste qui déclare : la pensée crée
le monde. C'est le matérialiste qui lui répond : la
matière du cerveau crée la pensée. Entre ces deux
opinions extrêmes et aussi injustifiées l'une que
l'autre dans l'excès qu'elles commettent, nous
prenons une position intermédiaire ; l'œil fixé sur
la balance, nous ne voyons aucun argument pouvant être posé sur le plateau de la conscience qui
ne soit susceptible d'être neutralisé par un argument posé sur le plateau de l'objet ; et s'il fallait
donner notre conclusion dernière, nous dirions :
« La conscience et la matière ont des droit égaux »,
laissant ainsi à chacun la faculté de mettre là,
dans cette conception d'une égalité de droits, les
espérances de survie dont son cœur a besoin.

CHAPITRE VI

Résumé.

———

Je demande la permission de reproduire ici une communication que j'ai faite en Décembre 1904 à la Société française de philosophie. J'y ai exposé succinctement les idées que je viens de développer dans ce livre. Cet exposé succinct pourra nous servir de résumé.

Description de la matière. — Les physiciens, qui cherchent une conception de la structure intime de la matière, imaginent, pour expliquer les phénomènes très nombreux qu'ils perçoivent, de les ramener à d'autres phénomènes, moins nombreux, mais de même ordre.

Ils considèrent ainsi la matière en elle-même.

Nous, psychologues, nous ajoutons à la matière quelque chose de plus, l'observateur. Nous considérons cette matière, et nous la définissons par

23

rapport à nos modes de connaissances, c'est-à-dire en tenant compte qu'elle est conditionnée par notre perception extérieure.

Ce sont deux points de vue différents.

En développant le nôtre, nous constatons que du monde extérieur nous ne connaissons qu'une chose, nos sensations; si nous posons cette limite, c'est parce que plusieurs observations et expériences démontrent qu'entre l'objet extérieur et nous, il y a un intermédiaire, un système nerveux ; et que nous percevons seulement les modifications que l'objet extérieur, fonctionnant comme excitant, provoque dans ce système.

Appliquons provisoirement à ces modifications le terme de sensations, sans trancher la question de leur nature physique ou mentale.

D'autres expériences nous prouvent encore que nos sensations ne sont pas nécessairement semblables aux objets qui les excitent, car la qualité de chaque sensation dépend de ce qu'on appelle l'énergie spécifique du nerf excité; ainsi, que le nerf optique soit sollicité par un rayon lumineux, ou par un courant électrique ou par un choc mécanique, il fait toujours la même réponse, et cette réponse est une sensation de lumière.

Il s'ensuit que notre système nerveux lui-même ne nous étant connu dans sa structure que par l'intermédiaire de sensations, nous ne sommes pas

autrement renseignés sur sa nature propre que sur
celle de n'importe quel autre objet.

En second lieu, conséquence beaucoup plus
grave, toutes nos sensations étant également
fausses, en tant que copies des excitants qui les
provoquent, on n'a le droit de se servir d'aucune
de ces sensations pour se représenter la structure
intime de la matière. Les théories, où s'attardent
encore beaucoup de physiciens, qui consistent à
expliquer toutes les modalités de la matière par
différentes combinaisons du mouvement, pêchent
par la base; leur erreur consiste à expliquer tout
l'ensemble de nos sensations, par certaines sensations particulières de l'œil, du toucher et du sens
musculaire, dans lesquelles l'analyse découvre les
éléments et la source de la représentation de mouvement : or, ces sensations particulières n'ont pas
plus de valeur objective que celles du nez, de la
langue et de l'oreille ; par rapport à l'excitant extérieur, dont on cherche à pénétrer la nature intime,
elles sont aussi radicalement fausses les unes que
les autres.

Il est vrai qu'un certain nombre de personnes
croiront qu'elles échappent à notre conclusion,
parce qu'elles n'acceptent pas notre point de
départ. Il existe en effet plusieurs systèmes dans
lesquels on pose que le monde extérieur nous est
connu directement, sans l'intermédiaire d'un *ter-*

tium quid, qui serait la sensation. D'abord, les
spirites sont convaincus que les âmes désincarnées
peuvent rester les témoins de la vie terrestre, et
par conséquent la percevoir sans organes inter-
posés. D'autre part, des auteurs allemands ont soutenu récemment, par des raisonnements assez
curieux, que l'énergie spécifique de notre système
nerveux ne transforme pas les excitants, et que
nos sensations sont les fidèles copies de ce qui les
cause. Enfin, divers philosophes, Reid, Hamilton, et
de nos jours un esprit profond et subtil, M. Bergson, ont proposé d'admettre que par une prise
directe nous connaissons les objets sans mystère
et tels qu'ils sont. Admettons-le. Cela ne chan-
gera rien à notre conclusion, et voici pourquoi :

Nous avons dit qu'aucun genre de nos sensations,
ni les visuelles, ni les tactiles, ni les musculaires,
ne nous permet de nous représenter la structure
intime de la matière, parce que toutes les sensations sans exception sont fausses, comme copies
des objets matériels. On nous assure maintenant
que nous nous sommes trompés, et que nos sensations sont toutes vraies, c'est-à-dire que toutes
sont des copies fidèles des objets. Si toutes sont
vraies, cela revient au même que si toutes sont
fausses. Si toutes sont vraies, il est impossible
d'opérer un choix parmi elles, de retenir seulement
les sensations de la vue et du toucher, pour les

faire servir à la construction d'une théorie mécanique, à l'exclusion des autres ; car il nous est
impossible d'expliquer les unes par les autres. Si
toutes sont également vraies, elles ont toutes les
mêmes droits pour représenter la structure de la
matière, et comme elles sont inconciliables, aucune
théorie ne peut sortir de leur synthèse.

Concluons par conséquent ceci : quelle que soit
l'hypothèse qu'on imagine sur les relations de ressemblance pouvant exister entre la matière et nos
sensations, il nous est défendu de faire une théorie
de la matière en termes de nos sensations.

Voilà ce que nous pensons de la matière,
entendue comme structure intime des corps, de la
matière inconnaissable et métaphysique. Nous n'en
parlerons plus.

Dorénavant, lorsque nous emploierons le terme
matière, ce sera dans une acception toute différente ; ce sera la matière empirique, la matière
physique, telle qu'elle nous apparaît dans nos sensations. Il doit donc être entendu qu'à partir de ce
moment, nous changeons de domaine. Nous quit-
tons le monde des noumènes, et nous entrons dans
le monde des phénomènes.

Définition de l'esprit. — D'ordinaire, pour définir
l'esprit, on oppose le concept de l'esprit au concept
de la matière, ce qui fait qu'on a dans la pensée

des images extrêmement vagues. Il est préférable de remplacer les concepts par des faits, et de procéder à un inventaire de tous les phénomènes mentaux.

Or, pendant cet inventaire, on s'aperçoit qu'on a continuellement affaire à deux ordres d'éléments, qui se présentent unis dans la réalité, mais que notre pensée peut considérer isolément ; l'un de ces éléments est représenté par ces états qu'on désigne sous les noms de sensations, images, émotions, etc. ; l'autre élément est la conscience de ces sensations, la connaissance de ces images, le fait d'éprouver ces émotions : c'est, en d'autres termes, une activité spéciale dont ces états sont l'objet et comme le point d'application, une activité qui consiste à percevoir, à juger, à comparer, à comprendre, à vouloir. Pour mettre de l'ordre dans notre inventaire, traitons à part ces deux éléments, et commençons par le premier.

Envisageons d'abord la sensation ; mettons à part ce qui est le fait de sentir et gardons cè qui est senti. Ainsi définie et un peu réduite, qu'est-ce que la sensation ? Jusqu'ici nous avons employé le mot dans le sens très vague d'un *tertium quid* interposé entre l'objet extérieur et nous. Maintenant il faut être plus précis, et savoir si la sensation est une chose physique ou une chose mentale. Je n'ai pas à vous apprendre que sur ce point toutes les opinions possibles ont été soutenues. Notre opinion à nous est que la sensation doit être considérée comme un phénomène physique; la sensation, disons-nous, entendue au sens d'impression sentie, et non pas la sensation entendue comme capacité de sentir.

Voici les arguments à invoquer en faveur de notre thèse : d'abord l'opinion vulgaire, qui identifie la matière avec ce qu'on voit, ce qu'on touche, c'est-à-dire avec la sensation, et cette opinion vulgaire représente une attitude première, une possession d'état, que nous avons le devoir de garder, tant qu'on ne nous a pas démontré qu'elle est fausse ; ensuite, cette remarque que par son mode d'apparition, à la fois inattendu, révélateur de connaissances nouvelles, et indépendant de notre volonté, et par son contenu, la sensation résume pour nous tout ce que nous entendons par matière, état physique, monde extérieur; couleur, forme, étendue, position dans l'espace ne nous sont connus qu'autant que sensations ; la sensation n'est pas un moyen pour connaître ces propriétés de la matière, elle est ces propriétés mêmes.

Quelles objections peut-on faire contre notre conclusion?

On a évidemment le droit d'appliquer le nom de psychologique à la sensation entière, prise en bloc, en y comprenant à la fois l'impression et la conscience ; il résultera de cette terminologie que,

comme nous ne connaissons pas autre chose que
des sensations, le physique restera inconnaissable,
la distinction entre le physique et le mental s'éva-
nouira ; mais on finira par la rétablir sous d'autres
noms en utilisant la distinction que nous avons
faite entre les objets de connaissance et les actes
de connaissance, distinction qui, elle, n'est point
verbale et résulte de l'observation.

Ce qui n'est point permis, c'est de déclarer que
la sensation est un phénomène psychologique, et
d'opposer ce phénomène à la réalité physique,
comme si cette dernière pouvait nous être connue
par une autre méthode que la sensation.

Si on accepte l'opinion que je défends, si on
convient de voir dans la sensation, comprise d'une
certaine manière, un état physique, il sera facile
d'étendre cette interprétation à toute une série de
phénomènes différents: les images, d'abord, qui
procèdent des sensations, puisqu'elles sont des
sensations renaissantes ; les idées, qui dérivent
substantiellement des images ; les émotions aussi,
qui, d'après des théories récentes, résultent de la
perception des mouvements qui se produisent dans
le cœur, les vaisseaux, et les muscles ; et enfin
l'effort, soit de la volonté, soit de l'attention, qui
est constitué par des sensations musculaires perçues, et par conséquent résulte lui aussi d'états
corporels. Il faut donc bien remarquer les consé-

quences. Admettre que la sensation est un état physique, c'est admettre par là même que l'image, l'idée, l'émotion et l'effort, toutes ces manifestations qu'on attribue d'ordinaire à l'esprit seul, sont aussi des états physiques.

Qu'est-ce donc que l'esprit? Et quelle part lui reste-t-il dans tous ces phénomènes, dont il semble que nous cherchons à l'éliminer? Eh bien, l'esprit est dans cette activité spéciale qui est engagée dans la sensation, l'image, l'idée, l'émotion, et l'effort. Pour qu'une sensation se produise, il faut, avons-nous dit tout à l'heure, deux éléments : le quelque chose qui est senti, un arbre, une maison, un animal, un chatouillement, une odeur — et aussi le fait de sentir ce quelque chose, la conscience qu'on en a, le jugement qu'on en tire, le raisonnement qu'on y applique, en d'autres termes les catégories qui le saisissent. De ce point de vue, le dualisme contenu dans la sensation s'exprime clairèment : la sensation comme chose sentie, voilà la partie physique, voilà la matière ; la sensation comme fait de sentir, de juger, voilà l'esprit.

Remarquons le langage dont nous nous servons : nous disons que la matière est le quelque chose qui est senti ; mais nous ne disons pas, par amour de la symétrie, que l'esprit est le quelque chose qui sent. Nous avons employé une formule plus prudente et, je crois, plus juste, qui met l'esprit dans

le fait de sentir. Répétons encore, au risque de
paraître subtil : l'esprit est l'acte de conscience, ce
n'est pas un sujet qui a conscience. Car un sujet,
faisons-y attention, un sujet sentant est un objet
de connaissance, il fait partie de l'autre groupe des
éléments, le groupe des sensations. En pratique,
nous nous représentons par esprit un morceau de
notre propre biographie, et par artifice nous attribuons à ce fragment la faculté d'avoir conscience,
nous en faisons le sujet de la relation sujet-objet ;
mais ce fragment, étant constitué par des sensations et des souvenirs, ne représente point exactement l'esprit, et ne correspond pas à notre définition ; il représenterait plutôt l'esprit sensation-
nalisé, matérialisé.

Il suit de là cette conséquence curieuse que
l'esprit est doué d'une existence incomplète ; il est
comme la forme, qui ne se réalise que par son
application à quelque matière. On peut se représenter une sensation continuant à exister, à vivre
et à provoquer des mouvements, même quand elle
cesse d'être perçue ; ceux qui ne sont pas des idéalistes intransigeants admettent bien cette indépendance des objets par rapport à notre conscience ;
mais la réciproque n'est pas vraie. Il est impossible
de comprendre une conscience subsistant sans
objet, une perception sans sensation à percevoir,
une attention sans point d'application, une volonté

vide qui n'aurait rien à vouloir, en un mot une
activité spirituelle s'exerçant sans une matière
qu'elle travaille — et plus brièvement encore
l'esprit sans matière. Esprit et matière sont des
termes corrélatifs, et là-dessus, je crois bien
qu'Aristote a été plus près de la vérité que beaucoup de modernes.

Je me suis convaincu que la définition de l'esprit
à laquelle nous venons de parvenir est dans sa
précision et sa sobriété la seule qui permette de
distinguer la psychologie des sciences les plus voi-
sines. Vous savez qu'on s'est aperçu de nos jours
qu'il y a une difficulté très grande à opérer cette
délimination. Les définitions de la psychologie
qu'on a proposées ont presque toutes ce défaut de
ne pas convenir au seul défini. Le temps nous
manque pour en passer la revue complète, mais
nous en signalerons au moins une, parce que notre
discussion sur cette formule particulière va nous
servir de préparation, pour aborder la dernière
question qu'il nous reste à examiner, la relation
de l'esprit avec le corps.

D'après la définition que je vise, la psychologie
serait la science des faits internes, tandis que les
autres sciences s'occuperaient des faits externes. La
psychologie, a-t-on dit encore, a comme instrument l'introspection, tandis que les sciences de la
nature opèrent avec l'œil, le toucher, l'oreille, c'est-

à-dire les sens d'extrospection. A cette distinction nous opposons, nous, qu'il n'existe dans toutes les sciences que deux choses : des sensations, et la conscience qui les accompagne. Une sensation peut appartenir au monde intérieur ou extérieur pour des raisons accidentelles, sans changer de nature ; la sensation de l'extérieur est la sensation sociale, que nous partageons avec nos semblables ; si l'excitant qui la provoque est inclus dans notre système nerveux, la voilà qui devient individuelle, cachée pour tous excepté pour nous, et constituant un microcosme à côté du macrocosme. Quelle importance cela peut-il avoir, puisque toute la différence dépend de la position occupée par l'excitant ?

Mais on insiste, et on nous dit : il y a réellement deux manières d'arriver à la connaissance des objets, par le dedans et par le dehors ; ces deux voies s'opposent comme l'envers et l'endroit d'une étoffe. C'est en ce sens-là que la psychologie est la science du dedans, et regarde le revers de l'étoffe, dont les sciences de la nature comptent, pèsent et mesurent l'endroit. Et c'est si vrai, ajoute-t-on, qu'un même phénomène apparaît sous deux formes absolument, radicalement différentes, suivant qu'on regarde par l'un ou l'autre de ces deux points de vue. Chacune de nos pensées est en corrélation, nous fait-on remarquer, avec un état particulier de notre matière cérébrale ; notre pensée, voilà la face

subjective et mentale; le processus cérébral correspondant, voilà la face objective et matérielle.

Bien que ce dualisme soit exposé fréquemment
comme une vérité d'observation, je crois qu'il est
possible d'en démontrer l'erreur.

Prenons un exemple. Je regarde la plaine devant moi, et j'y vois passer un troupeau de
moutons. Pendant ce temps, un observateur,
armé d'un microscope à la Jules Verne, regarde
dans mon cerveau, et y découvre une certaine
danse de molécules, qui accompagnerait ma perception visuelle. Ainsi, d'une part, ma représentation, et d'autre part, un état dynamique des
cellules nerveuses. Voilà ce qui constituerait
l'endroit et l'envers de l'étoffe. On nous dit :
« Voyez comme cela se ressemble peu! une représentation est une chose psychique, et un mouvement de molécules est une chose matérielle ».

Mais je trouve au contraire que cela se ressemble beaucoup. Quand je regarde le troupeau
qui passe, j'ai une perception visuelle. L'observateur qui, par hypothèse, regarde dans mon cerveau à ce moment-là, éprouve, lui aussi, une
perception visuelle. Ce ne sont pas les mêmes
perceptions, d'accord. Comment pourraient-elles
être semblables? Je regarde des moutons, il
regarde l'intérieur de mon cerveau; ce n'est pas
étonnant que, regardant des objets aussi diffé-

24

rents, nous recevions des images très différentes
aussi. Mais malgré leur différence d'objet, c'est-
à-dire de contenu, ce sont là deux perceptions
visuelles, composées de la même manière : et je
ne vois pas de quel droit on pourrait dire : l'une
représente un phénomène matériel, l'autre représente un phénomène psychique. En réalité, chacune de ces perceptions est de valeur double,
psycho-physique ; physique par l'objet auquel elle
s'applique, et psychique en tant qu'acte de perception, c'est-à-dire de conscience. Il y a autant
de psychique dans les deux; et il y a aussi autant
de matériel, car un troupeau de moutons est une
chose aussi matérielle que mon cerveau.

Si nous gardons cette conclusion présente à
notre esprit, au moment où nous allons faire
l'examen critique de quelques systèmes philosophiques, nous comprendrons bien l'erreur que ces
systèmes commettent.

Le spiritualisme repose sur cette conception
que l'esprit peut subsister et fonctionner en
pleine indépendance de toute attache avec la
matière; il est vrai que, dans le détail, on apporte
quelque tempérament à ce principe absolu, pour
expliquer les perceptions des sens et l'exécution
des ordres de la volonté : mais la dualité, l'indépendance et l'autonomie de l'âme et du corps

restent quand même le dogme du système. Ce
dogme nous paraît entièrement faux; l'esprit ne
peut vivre sans une matière à laquelle il s'applique; et au principe d'hétérogénéité, si souvent
invoqué pour interdire tout commerce des deux
substances, nous répondons en faisant appel à
l'intuition qui nous montre la conscience et ses
formes diverses, la comparaison, le jugement, le
raisonnement, si étroitement liées à la sensation,
qu'on ne peut pas les concevoir, existant d'une
vie isolée.

Le matérialisme raisonne tout autrement, on le
sait; il imagine qu'un état particulier des centres
nerveux a la vertu d'engendrer un phénomène
psychique, qui en représente, selon des métaphores variées, la propriété, la fonction, l'effet ou
même la sécrétion. Les critiques se sont souvent demandé comment, avec de la matière en
mouvement, on peut expliquer ou fabriquer un
phénomène de pensée. Il est très vraisemblable que ceux qui admettent cette genèse matérielle de la pensée se représentent celle-ci sous la
forme de quelque chose de subtil, comme une
étincelle électrique, un souffle, un feu follet, ou
une flamme de punch. Les matérialistes ne sont
pas seuls responsables de ces métaphores inadé-
quates, qui proviennent d'une métaphysique faite
avec des concepts. Rappelons-nous exactement ce

qu'est un phénomène psychique. Chassons les
feux follets, remplaçons-les par un exemple précis,
et revenons à la perception visuelle prise tout à
l'heure comme exemple : sans calembour, revenons à nos moutons. Ces moutons que je perçois
quand je regarde dans la plaine sont aussi matériels, aussi réels que le mouvement cérébral qui
accompagne ma perception. Comment donc est-il
possible que ce mouvement cérébral, premier fait
matériel, engendre ce second fait matériel, cet
ensemble d'êtres compliqués qui forment un
troupeau ?

Avant d'aller plus loin, invitons un autre système philosophique à venir prendre place dans le
cercle de notre discussion, car la réponse à lui
faire sera la même que pour le précédent, et il y a
intérêt à en finir d'un coup avec les deux. Ce nouveau système, le parallélisme, aujourd'hui fort en
faveur, me paraît être un matérialisme perfectionné dans le sens surtout de la prudence; pour
éviter le mystère de la genèse de l'esprit par la
matière, le nouveau système les place côte à
côte, parallèlement, on peut presque dire expérimentalement, tant les parallélistes évitent de
faire de la métaphysique. Mais leur position est
insoutenable, et eux aussi ont été victimes du
mirage des concepts; car ils considèrent le phénomène mental comme pouvant être parallèle au

physique, sans s'y mêler, et en subsistant tout
seul, d'une vie propre; une pareille hypothèse n'a
été possible que parce qu'on n'a pas suffisamment défini l'esprit. Si on reconnaît que l'esprit
a une existence incomplète, et ne se réalise que
par son incarnation dans une matière, la figura-
tion qui est la base du parallélisme devient insoutenable. On n'a plus d'une part du physique et
d'autre part du mental, mais bien d'une part du
physique et du mental combinés, et d'autre part
la même combinaison; ce qui revient à dire que
les deux faces de la réalité, qu'on croyait être
arrivé à rendre tellement distinctes, sont identiques; il n'y a pas deux faces, mais une seule; et
le monisme, que certains métaphysiciens s'efforcent
d'atteindre par une mystérieuse conciliation de la
dualité phénoménale dans l'unité du noumène, n'a
pas besoin d'être cherché si loin, puisque nous
le trouvons déjà dans le phénomène.

Les critiques que je viens de vous exposer trop
brièvement, on les retrouve chez plusieurs philosophes, confusément chez Berkeley, avec plus de
précision dans le livre de M. Bergson sur *Matière
et Mémoire*. Ce dernier auteur, remarquant que
notre cerveau, et le monde extérieur sont pour
nous des images de même ordre, se refuse à
admettre que le cerveau, qui n'est qu'une partie
toute petite de ces images, puisse expliquer et

contenir l'autre partie, bien plus grande, qui
comprend le vaste univers. Cela reviendrait à dire
que le tout est dans la partie. Je crois bien que cette
objection est analogue à celle que je viens de
présenter avec moins de finesse.

Il est intéressant de voir comment M. Bergson
se tire de la difficulté, qu'il a lui-même soulevée.

Ne pouvant se résoudre à faire sortir du mouvement moléculaire cérébral la représentation du
monde, ni à superposer cette représentation à ce
mouvement, comme dans l'hypothèse paralléliste,
il a été amené à une théorie très ingénieuse, mais
un peu obscure, qui consiste à placer l'image du
monde en dehors du cerveau, celui-ci étant réduit
à un organe moteur qui exécute les ordres de
l'esprit.

Cela nous fait ainsi quatre théories philosophiques qui, cherchant à concilier l'esprit avec
la matière, donnent à la représentation une position différente par rapport au fonctionnement
cérébral. Le spiritualiste affirme l'indépendance
complète de la représentation par rapport au
mouvement cérébral; le matérialiste la met après
le mouvement cérébral; le paralléliste la met à
côté; M. Bergson la met en avant.

J'avoue que le dernier de ces systèmes, celui de
M. Bergson, présente bien des difficultés; ne loca-
lisant point l'esprit dans le corps, il est obligé de

placer notre perception, c'est-à-dire une partie de
nous-mêmes, dans les objets perçus; par exemple
dans les étoiles, si nous les regardons; le souvenir est logé dans des plans de conscience lointains, qu'on ne définit pas autrement. Nous avons
peine à comprendre ces émigrations, ces émiettements de notre esprit. Ce ne serait rien encore, si
l'auteur n'allait pas jusqu'à soutenir que les nerfs
sensitifs du cerveau ne sont pas des nerfs sensitifs, et que leur section ne supprime pas des
sensations, mais simplement les effets moteurs
de ces sensations. Ce qu'il y a en moi de physiologiste proteste contre la hardiesse de ces interprétations.

Les principales difficultés du problème de l'union
entre l'esprit et le corps proviennent de ces deux
faits, qui semblent incompatibles :

D'une part, notre pensée est conditionnée par
un certain mouvement intra-cérébral de molécules
et d'atomes, et d'autre part cette même pensée
n'a point conscience de ce mouvement moléculaire; elle ne connaît pas le trajet de l'onde dans
nos nerfs, elle ne se doute pas, par exemple, que
l'image des objets est renversée sur la rétine, ou
que les excitations de l'œil droit vont en majeure
partie dans l'hémisphère gauche, en un mot elle
n'est point du tout anatomiste. C'est une chose
assez curieuse que notre conscience entre en

relation uniquement avec ce qui est extra-céré-
bral, les objets extérieurs et la superficie de notre
corps.

De là se pose cette question précise : il faut
qu'une onde moléculaire arrive jusqu'à notre
centre visuel cérébral pour que nous ayons la
perception de l'objet placé devant nos yeux. Comment se fait-il que notre conscience ignore cet
événement physiologique dont elle dépend, et se
porte vers l'objet lointain comme si elle jaillissait
en dehors de notre système nerveux?

Remarquons d'abord que si nous ne percevons
pas cette onde, elle doit contenir cependant tout
ce que nous connaissons de l'objet extérieur, car
il est évident que nous ne connaissons de lui que
ce qu'il transmet de ses propriétés à nos nerfs
et à nos centres nerveux. Toute la substance
connue de l'objet extérieur est donc impliquée
dans cette vibration; elle y est, mais elle n'y est
pas seule. La vibration est l'œuvre de deux colla-
borateurs; elle exprime à la fois la nature de
l'objet qui la provoque, et la nature de l'appareil
nerveux qui la véhicule, comme le sillon tracé
dans la cire du phonographe exprime la collaboration d'une vibration aérienne avec un style, un
cylindre et un appareil d'horlogerie.

Je suppose donc, et c'est là, je le dis bien haut,
une hypothèse, que si la vibration nerveuse res-

semble si peu à l'excitant extérieur qui lui donne
naissance, c'est parce que le facteur système nerveux vient ajouter son effet au facteur excitant.
Imaginons maintenant qu'on arrive à séparer ces
deux effets, on comprendra que dès lors cet événement nerveux ainsi analysé puisse ressembler
seulement à l'objet, ou seulement au système
nerveux. Or, parmi ces deux effets, il y en a un
de constant, c'est celui qui représente la part du
système nerveux; il y en a un autre qui varie à
chaque perception nouvelle, et même à chaque
moment d'une même perception, c'est l'objet.
Il n'est pas impossible de comprendre que la
conscience reste sourde à l'élément constant, et
soit sensible à l'élément variable. Il y a une loi de
la conscience, qui a été souvent décrite, et dont
on trouve chaque jour des applications nouvelles :
c'est que la conscience ne se maintient que par le
changement, soit que ce changement résulte de
l'extérieur, des impressions reçues, soit qu'il soit
produit de l'intérieur, par des mouvements de
l'attention. Appliquons ici cette loi empirique, et
admettons qu'elle constitue un principe premier,
il nous sera possible de comprendre que la conscience, constituée en appareil dialyseur de l'ondulation, rejette l'élément constant qui exprime
l'apport du système nerveux, et mette à nu l'élément variable qui correspond à l'objet, de sorte

qu'un mouvement intestin de substance cérébrale, éclairé par cette conscience analytique, peut
devenir une perception d'objet. En acceptant cette
hypothèse, on restitue aux nerfs sensitifs et aux
centres encéphaliques leur propriété d'être des
substrats de la représentation, et on évite l'objection que nous faisions plus haut au matérialisme
et au parallélisme de ne pas expliquer comment
un mouvement cérébral, qui est matériel, peut
engendrer la perception d'un objet qui est très
différent de ce mouvement cérébral et qui est
cependant aussi matériel que ce mouvement. Il
n'y aurait pas à proprement parler engendrement,
transformation ou métamorphose; l'objet à percevoir est contenu dans le courant nerveux, il y est
comme roulé; il faut le sortir du flot pour le voir.
C'est là l'œuvre de la conscience.